教育部人文社会科学研究一般项目"中学生学业错误观及其矫治的理论与实践研究（10YJAXLX017）"研究成果

现代教育学论丛

丛书主编⊙郑信军 彭小明

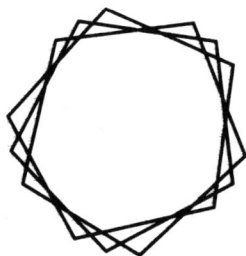

中学生
学业错误观研究

Beliefs on Learning Errors
in Middle School Students

潘玉进 曹立人 郭保林 仲晓波 马山力 / 著

ZHEJIANG UNIVERSITY PRESS

浙江大学出版社

前　　言

　　人类的学习,基本上是包含着一连串错误的过程(Brown,2000)。学生在学习过程中不可避免地会犯各种错误。面对学业错误,学生不想重犯,老师、家长也深恶痛绝。然而学业错误与其他错误一样有其不可避免性,如何找到正确对待学业错误的金钥匙,使学生、老师、家长都能积极地面对学业错误,并采取有效措施来克服困难,从而超越错误就显得尤为重要。子曰:"过,则勿惮改。"(《论语·学而篇》),"过而不改,是谓过矣"(《论语·卫灵公篇》),"改之为贵"(《论语·子罕篇》)。左丘明也说过"人谁无过,过而能改,善莫大焉"(《左传·宣公二年》)。在知识经济的今天,知识的更新速度大大地超过了以往,终身学习已经成为一种潮流。教育的作用不能仅仅只是知识的传递,更重要的是培养学生的学习能力,而学习能力中的重要一项就是克服困难的能力。因此培养学生"败不馁"的越挫越勇精神与积极迎战错误、超越错误的能力,对学生在学习乃至人生中做到"吹尽黄沙始见金"具有积极的作用。

　　然而,长期以来,我国的教育习惯于"传道、授业、解惑",习惯于知识的讲解与传递,而对学生的学业错误极少进行深入的思考。现实生活中许多学生委屈,老师、家长伤心的情景,正反映了传统教育在培养学生对待学业错误的科学看法与态度方面的缺失。很显然,没有对待错误的科学看法与态度就谈不上迎战错误、超越错误。从这个意义上来说,研究学业错误观从而有针对性地提出培养学生积极学业错误观的策略,帮助学生树立积极的学业错误观是现代教育必须完成的目标之一。但是，相对而言，我们对学生的学业错误观还知之甚少，其内涵、性质、结构为何，是否可测，机制如何，影响源有哪些？它与学生的学业错误应对方式、学习自我效能感、心理健康及学习成绩之间存在怎样的关系？这些都是我们开展中学生学业错误观干预研究之前需要解决的一些基础性问题，也是本研究所要探讨的主题所在。

作　者

2015 年 3 月

目　　录

第一章 研究背景与文献述评

第一节 研究背景与意义

一、研究背景

(一)知识经济时代对人才的培养要求

随着我国改革开放的不断深入及全球化进程的加快,社会对人才的要求也不断提高,创新精神与创新能力成为人才的必备素质。创新人才的培养要求打破传统的作坊式教书育人方式,让学生在探索新领域时,敢于有自己的想法,勇于进行自己的思考。即使学生的看法与思考还欠成熟或者存在某些错误,教师也应智慧地引导学生积极地超越错误。然而由于种种原因,我国的教育还存在诸多弊端,许多教师视错误为洪水猛兽,对学生在学习过程中出现的错误给予简单的否定,而对学生犯错的原因却缺少必要的分析,也缺少帮助学生超越错误的针对性对策;许多学生仅仅看到错误在学业中的消极作用,在学习过程中对学业错误战战兢兢,表现在学习过程中不敢有自己独特的思考与看法。因此,经过多年教育的学生反而变得中庸,缺乏创新精神与创新能力,难以成为著名物理学家钱学森眼中的杰出人才。21 世纪以来,社会竞争日益加剧,经济与社会需要更多具备创新精神与创新能力的人才。而培养学生正确对待错误的态度,让学生学会超越错误,有利于学生形成健全的人格,养成"越挫越勇"的意志品质,成为具备创新精神与创新能力的新世纪人才。

(二)教育病理学研究的深入

教育病理(educational pathology)是在教育过程中出现的偏移失调状态,即教育内部和外部的异常条件使教育职能的实现受到严重障碍(教育功能障碍),结果派生出多种脱逸行为的过程(张人杰,1989)。它由德国学者司托里音伯耳(1890)提出,20 世纪 80 年代后期传入我国,90年代开始得到较快发展。鉴于在 21 世纪的今天,我国的教育还受传统教育的影响,"用大批生产的方法,把一年级的学生造就成中学毕业生,再把中学毕业生造就成专家",使得儿童的"天资的不同水平,被淹没在泥浆之中"(斯卡特金,1982),许多教育研究专家纷纷从病理学的角度来剖析教育过程中的失范(anomie)现象,并提出了众多应对策略。如学者吴卫东(2003)从教育病理的角度提出了教师课堂沟通的"四失"现象,主要表现为教学失明、教学失聪、教学失范与教学失控,并有针对性地提出了案例分析、行为反馈、体验疏导等三种培训策略。石鸥(1999)在深入剖析教学中的各种病理现象后认为,教师的保守型思维模式会营造一种"枪打出头鸟"的群体精神氛围,从而使学生在学习过程中保守、求稳、呆板,不敢创新,害怕犯错误。尽管到目前为止,新课程改革已经进行了 10多年,然而学校片面追求分数与升学率的局面并没有得到根本扭转。这使得一些教师,特别是一些毕业班的教师无限放大学业错误的负面价值,漠视甚至无视学业错误中的积极价值,从而丧失了培养学生积极克服学业错误,勇敢面对学业挫折,化学业错误为学习资源甚至学习动力源的机会。可喜的是,近年来,随着教育病理学研究的深入,越来越多的学者及一线教师开始意识到不能漠视教育过程中学生的学业错误,开始把解题错误当作一种教学资源(王能群,2009),并对学业错误作心理分析(陈月娥,2003),以期帮助学生"辨错、治错、防错、化错"(文清源,1991)。

（三）挫折教育在学业领域的特殊性研究

挫折是指人们在某种动机的推动下，在实现目标的活动中，遇到了无法克服或自以为是无法克服的障碍和干扰，使其需要和动机不能获得满足时，产生的紧张状态和消极的情绪反应（陈晓荆，2006）。由于在现实生活中，挫折是不可避免的，因此近年来挫折教育受到了广大教育工作者的追捧。挫折教育注重创设挫折情境，让广大青少年正确认识挫折、体验挫折并对挫折形成积极的应对方式，从而提高其挫折耐受力，进而最大限度地发挥其潜能，增强心理免疫力，提高其自身素质。近年来，随着人们对挫折教育研究的深入，挫折教育在学业领域的特殊性研究——学业错误观与学业错误应对方式研究逐渐引起了学术界的重视。Borasi（1994）通过实证研究认为，学生自身对于错误的认识不够清晰，对待错误的态度还远远没有达到理想的状态。Keith 和 Frese（2005）通过EMT（error management training）研究认为，人们面对错误时，积极的认知策略和情绪应对方式会对学生学习成绩产生明显的预测作用。刘儒德、曾美艳、宋灵青和高丙成（2009）通过对 819 名初中生进行调查问卷，发现初中生错误观中的价值认可度通过错误应对方式的中介作用来影响学业成绩。有感于错误观会对学生的学习产生重要影响，石中英（2006）认为，教师应以理性批判的态度来对待教学认识过程中的错误，以帮助学生积极地面对错误、改正错误，从而培养学生坚强的意志品质，健全学生的人格。

二、研究意义

学生在学习过程中不可避免地会出现这样或那样的错误，面对这些错误，不同的学生会有不同的看法、情感与行为。有的学生仅看到学业错误的消极一面，认为学业错误是不可原谅的，因而在学习过程中他们害怕错误，表现在学业上遇到错误时，不愿面对错误，对错误表现出一种消极的态度。而有的学生却能积极地面对错误，他们把错误当作一种学习资源，能从错误中吸取教训，从而避免相同错误的重复发生。如在调查过程中笔者发现许多学生都有一本自己的错题集，专门收集自己在学业过程中出现的错误，并时常拿出来看看，以提醒自己不犯或少犯类似的错误,真正做到吃一堑长一智。中学生正处于心理发展的"疾风骤雨"期,在这一时期,他们的独立性和批判性显著发展。对于学业错误,他们已不像小学生那样"盲从"父母与老师,而喜欢用自己学得的知识与观念来作评判。但是由于他们的思维能力尚不成熟,在面对学业错误时,容易被学业错误的表面特征所左右而产生强烈的负性情绪体验,甚至产生人格障碍,引发反社会行为,陷入成长危机。研究中学生对学业错误的看法与态度,分析其结构与心理机制,找出其影响源与后效因素,并在此基础上形成相应的对策与建议,有利于学生自身调整认知从而积极面对学业错误,有针对性地养成独立、健全的人格,平稳地度过"心理断乳期";同时也有利于帮助教师更好地去了解学生,更有效、更艺术地处理学生学习中的错误,帮助学生树立积极的错误观,形成对待错误的正确态度,从而战胜错误、超越错误。

第二节　文献述评

一、学业错误观研究综述

学业错误是学生在学习过程中普遍存在且不可避免的现象,它伴随着学习而产生,并成为学习者对所学知识掌握失败的证据。几千年来,国内外学者一直积极地对错误进行思考,以期帮助学习者正确认识错误、超越错误。

(一)错误观历史溯源

1. 国外研究溯源

对错误的研究源于人类对超越错误收获真理的追求。然而错误研究是以人类活动中的阴暗面为研究对象,没有人喜欢犯错误,也较少有人喜欢这个阴暗面。因此对错误的研究,尤其是对错误观研究长期处于被忽视的状态。不过历史上,还是有许多思想家、教育家在其著作中或多或少地对错误问题进行过思考与阐述。亚里士多德指出:"谬误等于诡辩的反驳,每一事物之真理与各事物之实是必相符合,若对象相合者认为相合,相离者认为相离,就得其真实;反之,以相离者为合,以相合者为离,那就弄错了。"他强调谬误与事实本身的"相离",突出了错误与事实不相符合的特性,虽然只是对错误的一种朴素而又经验的看法,但却为后人阐述与研究错误问题开辟了道路。

亚里士多德之后,奥古斯丁对错误行为与错误观念进行了区分,他在其《忏悔录》中写道:"我们杜绝这些错误(儿时的错误行为),并且在长大后将其摒弃,这足以证明那些行为是错误的,因为我从来没有看见一个人在清理错误时会有目的地抛弃好的方面。"培根从认知的角度对错误进行了描述,他主张"错误就是观念与原型的不相符合,文字与文字所表达的观念不一致",并据此提出了"四假相说",认为"种族假相"是指由于人的天性而引起的错误;"洞穴假相"是指由于人的性格、爱好、所受教育、所处环境及精神状态等的不同而产生的认知中的片面性错误;"市场假相"是指人们在交往中由于语言概念的不确定性和不严格性而产生的思维混乱;而"剧场假相"则是指人们不加批判地盲目迷信权威或传统而形成的错误。之后洛克把人们在运用观念作判断时的先入之见或偏见归结为四种错误尺度,"所谓错误的尺度,有四种:第一种错误的尺度是我们认其为原则的各种命题,本身如果不确定、不显然,只是可疑的、虚妄的,则我们的尺度是错误的。第二种错误的尺度是传统的假设。第三种错误的尺度是强烈的情欲或心向。(4)第四种错误的尺度是权威"(俞吾金,2009)。对此,有学者有不同的意见,如莱布尼茨(1982)认为此说"完全没有说明问题所在的要害之点",错误所涉及的是"完全特殊方式的一种不符合",我们应在"同一关系"中比较观念与原型之间的关系。总的来说,这一时期人们对错误的认识还比较肤浅,大多只认识到错误的消极作用,论述的重点也仅停留在怎样区分错误上。

哲学家波普尔(1968,1972,1986)是历史上第一个明确提出应高度重视错误问题的人。他在《客观知识》与《猜想与反驳》中对错误问题进行了系统的论述,认为科学知识增长的图式是"借助于系统的理性批判,通过消除错误使知识发展的图式"。这个图式包括四个阶段:问题→尝试→除错→新问题,其中除错是迈向成功,形成科学发现、发明或较成熟理论的关键一步。在此基础上,他进一步提出试错法和可错主义,认为试错法即尝试与清除错误的方法是科学的根本方法。科学知识(数学与逻辑学知识除外)都是可错的,因此人们应该"从错误中学习",以科学态度和科学精神来对待错误才能有效地超越错误。波普尔看到了错误的价值,认为知识增长的图式就是消除错误使知识发展的图式,并据此提出可错主义,为人们从积极的角度研究错误开拓了途径,成为目前众多错误管理及错误培训理论的思想来源。

美国心理学家桑代克(1931)所提出的学习理论强调"刺激反应联结"与"试误"这两个概念,并认为学习就是形成一定的"刺激—反应联结"。而这种联结与试误之间又存在着紧密的联系,即在重复的尝试中,错误的反应逐渐被学习者摈弃,正确的反应则不断得到巩固,直至最后形成固定的"刺激—反应联结"。因而,桑代克认为,学习是一种试误的过程,教学则是一种行为不断修正的过程。建构主义认为,学生在学习新知识时,是基于头脑中存在的丰富的知识经验,可以作为理解新知识的基础,奥苏贝尔的同化论就证明了这一点。然而学生的知识经验中也存在着与新知识相冲突的,与科学知识相违背的错误观念,这些错误观念可能会影响学生正确认识和理解相关的新知识,导致形成新的错误认识,引导个体产生新的错误应对方式(孙杰远、南江霞,2004)。根据建构主义,学习者的行为是在自己建构起来的"理论"的基础上产生的(Paris & Byrnes,1989)。学习者自身对错误的观念对其认知、情感过程以及学习行为产生了重要影响(刘儒德,2005)。建构主义取向的研究强调,要研究学习者自身的观念和行为方式,借此才能展开相适应的支持(刘儒德等,2009)。行为主义关注的是错误对学习的消极影响,认为错误伴随着惩罚,挫伤学习者的学习动机和兴趣,减少有效学习时间,从而降低学习效率。斯金纳开发的程序教学旨在通过逐步引导学生学习,避免学生犯错,这是一种错误回避的观点(Dormann & Frese,1994)。皮亚杰在其著作《发生认识论原理》中从认知的角度对错误进行了论述,认为学生的认知结构发生冲突或不平衡就会产生错误,儿童通过顺应新的知识,达成新的平衡来减少错误(皮亚杰,1991)。这是心理学家从心理学的角度对学业错误进行的阐述,但皮亚杰关注的重点是儿童各发展阶段的认知过程,对儿童学业错误产生的原因及其影响没有进行更多的分析。

20世纪60—70年代,语言学者从对语言学习者所犯的错误入手,发展起了错误分析理论(error analysis),以期通过资料收集、错误指认、错误描述、错误解释、错误评估及教学补救等步骤来改善语言学习者的学业成绩。错误分析理论认识到错误对学生学业成就的重要价值，把错误当作不可多得的教学资源并积极应用于教学过程中，通过教师对学生的学业错误进行分析有效地提高了语言教学的质量。但其只注重对错误结果的分析，忽视了学生学业错误产生的原因，对其学业错误产生的心理因素分析得较少，可以说对学生的学业错误是治标不治本（Allen & Corder，1974；Gassn & Selinker，1994）。Ohlsson（1996）对错误作出了较为科学的界定，认为错误（error）是个体自己相信正确的东西与实际所看到的评价结果之间的冲突。之后，Brown（2000）提出学生的错误有两种：一是由于不小心产生的，称为失误（mistake），失误的产生并不是因为学习者学业能力的不足，而是学业过程中思维某种短暂不灵光造成的；另一种是由于学业中的明显偏差而产生的，称为错误（errors），反映了学习者学业能力的不足。失误通常是学生的注意力被分散所导致的，它的产生大多是不规则的；而错误被认为是由于某种错误知识，或是缺乏某些必备知识而引起的，因此应引起研究者的重视。通过对错误的研究，可以加深对学生整个学习过程的认识。把错误分为"错"与"误"并分别进行分析与研究，使人们对错误的认知又更进一步且更符合学生学业生活的实际，但它只重视导致学业错误的知识（储备）方面的原因，对学生出现学业错误后的心理因素缺乏系统的分析，也没有探讨学业错误对学生的激励作用。Borasi（1994）对错误的激励作用进行了研究，认为学生对待错误的态度还远远没有达到理想的状态，学生还没有掌握利用学业错误来激发和支持学习探究的方法，因此教师应该积极引导学生利用学业中的错误进行学习探究活动。把学业错误当作一种学习资源，同时利用学业错误的激励作用激发学生学习探究，Borasi 指出了学业错误在教与学两个方面的价值。认识到错误的诸多价值，许多学者着手研究基于错误的培训（error-based training）与错误管理培训（error management training，EMT）（Grief & Keller，1990；Stiso & Payne，2004）。Keith 和 Frese（2005）通过 EMT 研究，认为人们面对错误时，积极的认知策略和情绪应对方式会对学生学习成绩有明显的预测作用。Petkova（2009）认为，错误管理培训有利于企业家积极改正错误并作出正确决策。错误管理培训的盛行是错误理论在学业与管理方面得到肯定并广泛应用的结果。

2. 国内研究溯源

国内对错误的研究，也可以追溯到古代，很多圣人先哲都提出了对错误的观点、看法。孔子认为"过，则勿惮改；……过而不改，是谓过矣；……改之为贵"。孔子之后，史学家左丘明进一步提出了"人非圣贤，孰能无过，过而能改，善莫大焉"的思想。这一时期，人们大多只看到错误的消极作用，忽视了其积极意义。明代哲学家王阳明受佛学"不经一事，不长一智"思想的影响，开始意识到错误的积极作用，认为"经一蹶者长一智，今日之失，未必不为后日之得"，辩证地认识到错误的积极作用，为后世的错误研究提供了更为全面也更为科学的哲学指导。到了近代，人们对错误的认识更加深入，有更多的学者对错误问题进行了探讨，有学者就怎样减少错误进行了论述（荣开明，1983）；有学者从哲学的角度探索了人为什么会犯错误，并提出了"超越错误"（齐振海，1983；文清源，1991）；还有学者从外语教学的角度论述了对比分析与错误分析在学生外语学习中的价值（陈艾莎，2007）。学者郑毓信（2001）、李善良（2002）等从数学教学的角度对数学学习中的错误进行了分析，认为错误的"合理性"有助于教师正确地看待学生的错误，从而减少学生的学习焦虑，因此教师对学生的错误应该采取一种更为宽容的态度。牟毅和朱莉琪（2006）从心理学的角度论述了儿童朴素物理学的错误概念及影响概念转换的因素。刘儒德等（2009）的研究发现，初中生错误观中的价值认可度通过错误应对方式的中介作用来影响学业成绩。石中英（2006）认为教师应以理性批判的态度来对待教学认识过程中的错误。

（二）错误应对方式的研究

联合国教科文组织第十九次国民教育国际会议资料中指出，"应当研究学生所犯的错误，并把错误看作是认识过程和认识学生思维规律的手段"（Nakamura，1999）。对于学生出现的错误，要采用积极的态度对待之，不能把产生错误的原因完全归咎于学生，而应从教与学的双方来进行反思，教师的责任就在于利用学生所犯错误来促进他们对知识和规律的理解，增强防止错误的免疫力。另外，关于错误避免训练与错误管理训练的争议也一直是错误研究的主要内容之一。斯金纳开发的程序教学旨在通过逐步引导学生学习，避免学生犯错，这是一种错误回避的观点(Dormann & Frese，1994)。学生在学习的过程中将得到详细的指导，一步步地完成学习任务，尽量避免发生错误。而错误管理训练则与探索性学习有着类似之处，强调鼓励学习者主动、积极地探索，发现错误，并从错误中学习。

石中英(2006)认为，错误可以分为两种：一种可以看作是教学的失败，另一种则可以看作是学习主体性的表征。这是两种比较典型的对待教学活动中错误的态度：前一种将错误看成教学的"失败"，因而在教学观念、行为与制度层面上极力加以防止、克服并给予各种消极的评价；后一种则将错误看成教学主体性的"表征"，因而在教学观念、行为与制度层面上予以鼓励、肯定并给予积极的评价。在这两种不同的对待错误的态度支配下，就有两种不同的课堂生活，并产生两种不同的课堂生活危机。

(三)反思与展望

纵观前人研究，对于中学生学业错误观与错误应对方式均有所涉猎，为本研究的继续深入提供了强大的理论支持和实践基础，但是就总体而言，以往研究在深度、广度上还是有一定的缺陷的。

(1)就研究的次数来说，还是相对比较少的。不管是国内还是国外，对这方面的研究都还不到成熟的阶段。

(2)大多数对于学业错误观与错误应对方式的研究都停留在探索中学生到底存在怎样的学业错误观、怎样的错误应对方式。而很少去求证这样或那样的学业错误观与错误应对方式究竟是由哪些因素导致的，这些因素在影响中又占有怎样的比例。

(四)核心概念界定

1. 错误与错误观

"错误"一词在《辞海》上有两种意思：一是过错；二是刑法上指行为人的认识错误。英文中"error"也包含两层意思：一是谬误、谬见；二是过失、失误。目前比较受推崇的是国外学者Ohlsson(1996)对错误的界定。他认为，错误是个体自己相信正确的东西与实际所看到的评价结果之间的冲突。"观"在《辞海》的解释为对事物的观点、看法与态度。据此，我们可以把错误观界定为对错误的根本看法与态度。

2. 学业错误观

国内学者刘儒德等(2009)认为,学生的错误观至少包括对自身观点正确性的确信度、对外在评价结果和标准的遵从度、对冲突和错误的容忍度和对冲突价值的认可度等四个方面。然而通过对一线教师与学生的访谈,我们发现学生学业错误观还应具有错误情感体验及对错误的归因维度。综合前人对错误观的论述,结合对中学教师与学生调查、访谈的初步结果,本研究把学业错误观(belief about studies' error)界定为:学生对学业错误的根本看法和态度,包括错误价值认知、错误情感体验、错误容忍度、对错误的归因、自身观点确信度与外在评价遵从度。

3. 学业错误应对方式

应对(coping)是个体面对压力时为减轻其负面影响而作出的认知和行为方面的努力过程,是压力和健康的一个重要中介机制(Lazarus & Folkman, 1984; Folkman, Lazarus, Dunkel-Schetter, DeLongis & Gruen, 1986)。Joffe 和 Bast(1978)指出,应对是个体对现实环境变化有意识、有目的和灵活的调节行为。Folkman 和 Lazarus(1988)则认为,应对是心理应激过程的重要中介因素,与应激事件性质以及应激结果均有关系。中学阶段是个体生理与心理发育的关键阶段,也是心理冲突与情绪行为问题的高发时期(刘贤臣,1993),中学生面临的压力和挑战往往不亚于成人。王智和杨军霞(2005)认为,作为中学生心理健康影响因素之一的应对方式,是指个体面对挫折或压力时所采用的认知和行为方式,是中学生适应性和社会技能发展的一个明确指标。刘儒德等(2009)就曾经指出,错误应对方式是指学习者在犯下错误以后为减轻错误对自己造成的消极影响而采取的调节自己的情绪、认知、行为以及所处环境的方式。综合学者的观点,结合对中学生学业错误应对方式的实地调查,我们认为学业错误应对方式是指学生在学业犯错之后有意识、有目的且灵活地调节情绪、认知、行为和环境以应对学业错误带来的消极后果的方式。

4. 应然观与实然观

早在 18 世纪,英国哲学家 Hume 就提出了事物具有"实然"(is)与"应然"(ought)两种不同的状态(Hume, 1980, 1999),"实然"表示事实判断,表示事物的现实存在状态;"应然"表示价值判断,表示主体对事物的价值期待。此后对事物的应然状态与实然状态及其相互关系的研究就一直是哲学家、伦理学家们关注的焦点(朱学勤,1994;顾准,1994;崔希福,2002;韩东屏,2003;于泉蛟、关巍,2013)。马克思认为,人的本质也包含两个方面,即人的应然本质和实然本质,且两者辩证统一不可分割(张杰,2007)。根据实践经验结合前人理论研究,本研究认为应然观即个体所认知的自身应该采取的最为正确且最能够促进自身身心健康与发展的观点与态度,它服从理性原则,反映了个体的一种自我期待;实然观即个体实际上采取的观点与态度,其背后隐藏着源于个体过去的成功经验与失败教训,它服从现实原则。

5. 学业错误应然观与学业错误实然观

Hume(1999)认为,事物具有应然与实然两种不同状态,作为学生对待学习过程中所出现错误的根本看法和态度,学业错误观也包括应然与实然两个不同的方面。有研究表明,大多数人的价值观在进入青春期前已基本形成(章志光、金盛华,1996)。处于青春期阶段的中学生,他们对待学业错误的根本看法和态度,即学业错误的"实然观"与"应然观"也已基本形成。学业错误实然观是学生对学业错误的实际观点与态度,源于过去对待学业错误的成功经验与失败教训,它服从现实原则;学业错误应然观则是学生所认知的对学业错误应该采取的观点与态度,它服从理性原则,反映了学生对学业错误观的一种自我期待。

二、问题提出与研究思路

(一)问题提出

通过上述对学业错误观研究相关文献的回顾与梳理,发现对学生学业错误的研究正在成为学生学习研究与教师教育研究的一个新领域。研究者在深入分析学业错误的基础上,提出了错误分析理论,然而大部分研究集中于对错误结果的分析,强调知识的传递。尽管这些研究也取得了丰富的成果并留下了一些经典的研究范式,但总体上看,仍存在一些问题:(1)理论研究多,实证研究少。目前对错误观的研究大都是从理论上探讨错误产生的根源及如何改正错误,缺乏对中学生错误观的实证研究。(2)缺乏对错误观的综合研究。大多研究都只对错误观的某一方面(错误观念、情感、行为)进行研究,缺乏对错误观的全面综合研究。(3)很少涉及中学生学业错误观对其心理发展影响的机制研究。

中学阶段是学生学习观形成的关键时期,也是其错误观形成的重要阶段,因此有必要针对以往研究的不足对中学生学业错误观的一些基本问题进行探讨。这些问题主要表现为两个方面:一是中学生学业错误观的概念、性质、结构与心理机制。怎样定义中学生的学业错误观,它具有怎样的结构,其心理机制又如何?全面、立体的中学生学业错误观具不具有应然与实然两种状态?如果有,那学业错误应然观与实然观之间又具有怎样的关系?二是学业错误观的影响源有哪些?影响源、学业错误观、错误应对方式、学习自我效能感、心理健康与学业成绩之间存在怎样的关系,它们之间的数学模型怎样?围绕这些问题,开展实证研究,以期抛砖引玉,希望有更多的专家、学者参与到学业错误观的研究当中来。

(二)研究构思、内容与方法

1. 研究构思

在对国内外相关文献进行梳理与回顾的基础上,本研究定位于对中学生学业错误观开展基础性实证研究,总体思路上强调理论与实证并重,方法上突显归纳与演绎并举,希望能结合教育学、心理学的多种研究范式,拓展中学生学业错误观的研究方式与手段。研究首先在经验性研究的基础上,依据事实资料结合前人研究成果,获得对中学生学业错误观内涵、结构与心理机制的全面合理解释,并根据对其内涵、结构与心理机制的理解,寻找中学生学业错误观的影响源,然后构建影响源、学业错误观、错误应对方式、学习自我效能感、心理健康与学业成绩之间的关系模型,最后通过个案分析对以上量化研究的结果进行验证与补充,同时对中学生学业错误观的教育对策从可行性、针对性、有效性三个角度进行思考,以期帮助中学生树立积极、正面的学业错误观,从而更好地战胜错误、超越错误。

2. 研究内容

本研究的研究内容分为四个部分。第一部分为全面认识中学生学业错误观,探索中学生学业错误观与学业错误应对方式的内在结构;第二部分为构建学业错误观影响源、学业错误观、学业错误应对方式、学习自我效能感、心理健康与学业成绩关系的数学模型;第三部分为中学生学业错误观的个案研究;第四部分是对中学生学业错误观的策略思考。

(1)全面认识学业错误观。通过文献查阅及对中学教师、学生的访谈,本研究认为中学生学业错误观包括两个方面的内容:学业错误应然观和学业错误实然观。学业错误应然观即中学生认为对学业错误自己应该持有的看法与态度。学业错误实然观即中学生对学业错误的实际看法与态度。通过分析两者的关系,得到它们的关系模型,从而全面、立体地认识中学生学业错误观。

(2)建构数学模型。通过调查法、深度访谈法、问卷法等全面而又系统地研究中学生学业错误观的影响源;构建影响源、学业错误观、错误应对方式、学业自我效能感、心理健康与学业成绩之间的数学模型。对于错误观,目前心理学研究得较少,但对于错误观的上位概念学习观,心理学已有了较多的研究。已有的研究表明,家庭教养方式、父母的学习观都会对孩子学习观的形成产生一定的影响。因此,本研究假设中学生的错误观会受到来自父母的影响。同时中学生大部分时间在学校活动,其学业错误观难免会受到教师的影响。鉴于此,本研究假设中学生错误观的影响源来自两个方面:父母与教师。

(3)中学生学业错误观个案研究。通过选取有代表性的个案对中学生学业错误观进行系统而详细的剖析,以验证量的研究所得结论,弥补量的研究的不足。

(4)中学生学业错误观的策略思考。结合中学生学业错误观量的研究与质的研究的结果,在系统分析的基础上从政府与教育主管部门、学校、学生、家长的角度分别对有利于中学生形成积极学业错误观的策略进行了思考,以期帮助中学生树立积极、正面的学业错误观。

3. 研究方法

(1)文献分析法。通过对国内外有关学业错误观的文献进行梳理,了解错误观研究的最新成果,厘清学业错误观的内涵、结构,为进一步研究做准备。

(2)问卷调查法。问卷调查法是本研究中最为重要的方法,在研究中通过编制《中学生学业错误观问卷》来获得中学生对错误的认知、情感、态度等情况;运用问卷获得中学生学业错误观影响源、学业错误观、学业错误应对方式、学习自我效能感的情况,为进一步进行数学模型的构建奠定基础。

(3)深度访谈法。深层访谈法是一种无结构的、直接的、个人的访谈。在访谈过程中,一个掌握高级技巧的调查员深入地访谈一个被调查者,以揭示对某一问题的潜在动机、信念、态度和感情。本研究通过对部分中学教师和学生进行深度访谈,以深入了解中学生学业错误观的现状、影响源及其后效因素等。

(4)个案分析法。基于学生层面对学业错误观进行分析。从学生的角度来看待学业错误以还原其学业错误观的真实面貌,并通过观察其在家庭与学校中的表现来获得其学业错误观的主要影响源及学业错误观、学业错误应对方式、学习自我效能感与学业成绩之间的关系。

(5)统计分析法。数据收集后,综合利用各种统计方法并运用 SPSS for Windows V17.0、Amos V17.0 等软件对其进行全面系统的分析。

第二章　中学生学业错误观结构研究

第一节　初中生学业错误观结构研究

一、研究过程

（一）收集题项与编制原始问卷

1. 焦点访谈收集探测项目

在浙江省某市城镇与农村的两所初中里，分别由班主任抽取 10 名学生（学习成绩优秀生 3 名，中等生 4 名，后进生 3 名）参与焦点访谈。为保证访谈的有效性，访谈者与被试两人到独立的办公室进行访谈。访谈中初中生普遍谈及的观点可概括为以下五个方面：（1）通过什么标准来判断自己有无学业错误；（2）造成学业错误的原因有哪些；（3）学业错误对自己的成长有没有价值；（4）是否能够接纳错误以及接纳的程度如何；（5）对学业错误有什么样的情绪体验。以这五个方面的内容为探测项目，从应然和实然两个视角分别编制开放式调查问卷。

2. 开放式问卷收集题项

采用方便取样的方法，另在浙江省某市抽取城镇与农村初中各一所,按照整体取样的方法抽取初一至初三年级各一个班,发放包含应然和实然两个视角的开放式问卷 263 份,收回有效问卷 196 份(有效回收率74.52%)。其中城镇学生 107 人,农村学生 89 人;初一学生 73 人,初二学生 64 人,初三学生 59 人;男生 87 人,女生 109 人。

对开放性问卷被试的回答进行整理,得到初中生学业错误应然观题项74 条、学业错误实然观题项 87 条;再根据专家、教师的意见,分别将这些题项按题义相近的原则进行合并,并删除部分不符合研究目的的题项;请教育专家与初中教师进行评定,对表述不清、难以理解或有歧义的项目进行删改补充;最后请初一至初三年级各两名学生对问卷条目进行逐一阅读,再次对问卷进行删补,最后分别形成包含 28 个题项的《初中生学业错误应然观初始问卷》和包含 27 个题项的《初中生学业错误实然观初始问卷》。

问卷均采用李克特式 4 点记分,即"1"表示"完全不符","2"表示"基本不符","3"表示"基本符合","4"表示"完全符合",由被调查者根据自身的实际情况进行选择。

(二)被试

采用方便取样的方法,另在浙江省某市的城镇与农村,选取初一至初三学生 307 名;收回有效问卷 253 份(有效率为 82.41%)进行探索性因素分析。其中城镇学生 153 人,农村学生 100 人;初一学生 86 人,初二学生 88 人,初三学生 79 人;男生 136 人,女生 117 人。

采用相同的方法,另在浙江省某市的城镇与农村,选取初一至初三学生 623 人,收回有效问卷 466 份(有效率为 74.80%)进行验证性因素分析。其中城镇学生 271 人,农村学生 195 人;初一学生 154 人,初二学生 161 人,初三学生 151 人;男生 236 人,女生 227 人,3 人未填性别信息。

采用相同的方法,另在浙江省某市的城镇与农村,选取初一和初二学生 209 人,收回有效问卷 152 份(有效率为 72.73%)进行模型稳定性分析。其中城镇学生 85 人,农村学生 67 人;初一学生 81 人,初二学生71 人;男生 57 人,女生 95 人。

(三)施测过程

均以被试所在班级为单位,由受过培训的高年级本科生和研究生担

任主试，以统一的指导语集体施测。所有数据均采用 SPSS V17.0 和 Amos V17.0 进行统计分析。

二、研究结果

（一）项目分析

初中生学业错误应然观与学业错误实然观问卷各题项与其各自总分的相关系数如表 2-1 所示。结果表明，两问卷所有项目与其各自总分的相关均达显著水平。

将所有被试各自总分按升序进行排序，取总分在前 27％ 的被试作为低分组，后 27％ 作为高分组。将低分组和高分组的被试在各个项目上的得分进行独立样本 t 检验，结果如表 2-2 所示。如果 t 检验的结果未达显著水平，则表示该项目不能鉴别不同被试的反应程度，故而从表 2-2 中可以看出，应然观问卷可以剔除 T3 和 T28，实然观问卷可以剔除 T3。

表 2-1　初中生学业错误应然观问卷与实然观问卷各题项与其各自总分的相关系数（$n＝253$）

项目	应然观	实然观	项目	应然观	实然观	项目	应然观	实然观
T1	0.449**	0.426**	T11	0.425**	0.432**	T21	0.498**	0.472**
T2	0.340**	0.424**	T12	0.378**	0.404**	T22	0.422**	0.402**
T3	0.157*	0.160*	T13	0.417**	0.454**	T23	0.244**	0.419**
T4	0.518**	0.440**	T14	0.485**	0.374**	T24	0.539**	−0.285**
T5	0.172*	0.225**	T15	0.187**	0.257**	T25	0.507**	−0.249**
T6	0.538**	0.383**	T16	0.214**	0.202**	T26	0.468**	0.385**
T7	0.477**	0.479**	T17	0.396**	0.354**	T27	0.500**	0.214**
T8	0.404**	0.409**	T18	0.401**	0.233**	T28	0.147*	
T9	0.484**	0.387**	T19	0.551**	0.307**			
T10	0.454**	0.394**	T20	0.305**	0.305**			

注：* $p＜0.05$，** $p＜0.01$，下同。

表 2-2　初中生学业错误应然观问卷与实然观问卷各题项的 t 检验结果(t 值)

项目	应然观	实然观	项目	应然观	实然观	项目	应然观	实然观
T1	-8.492^{**}	-8.103^{**}	T11	-7.457^{**}	-7.321^{**}	T21	-7.217^{**}	-7.645^{**}
T2	-5.320^{**}	-8.147^{**}	T12	-6.742^{**}	-6.097^{**}	T22	-6.753^{**}	-7.220^{**}
T3	-1.303	-1.846	T13	-7.018^{**}	-7.427^{**}	T23	-2.878^{**}	-6.395^{**}
T4	-10.037^{**}	-8.130^{**}	T14	-9.845^{**}	-6.258^{**}	T24	-8.885^{**}	3.844^{**}
T5	-1.992^{*}	-2.031^{*}	T15	-1.981^{*}	-3.306^{**}	T25	-8.931^{**}	3.168^{**}
T6	-9.243^{**}	-5.031^{**}	T16	-1.994^{*}	-2.428^{*}	T26	-7.808^{**}	-5.488^{**}
T7	-7.274^{**}	-6.462^{**}	T17	-5.850^{**}	-4.852^{**}	T27	-7.623^{**}	-2.255^{*}
T8	-6.298^{**}	-5.909^{**}	T18	-4.947^{**}	-2.896^{**}	T28	-1.422	
T9	-6.638^{**}	-6.584^{**}	T19	-10.272^{**}	-4.812^{**}			
T10	-6.914^{**}	-5.774^{**}	T20	-3.964^{**}	-3.464^{**}			

(二)探索性因素分析

1. 初中生学业错误应然观的探索性因素分析

对经项目分析余下的 26 个题项进行因素分析适合性检验,KMO 检验值为 0.802,Bartlett 球形检验统计量为 2112.472,$p=0.000<0.01$,表明数据适合进行因素分析。采用主成分分析、方差极大法分别进行三因子、四因子、五因子、六因子和七因子的因素分析,结果发现三因子、四因子、五因子、七因子模型中均出现了不同程度的项目混杂现象,六因子模型结果较为理想(碎石图如图 2-1 所示)。剔除因子负荷小于 0.4、题项在两个或多个因子上负荷过高的题项,共剔除 3 个题项:T14、T19、T23。对保留的 23 个题项再次进行因素分析,结果 KMO 值为 0.769,Bartlett 球形检验统计量为 1708.667,$p=0.000<0.01$,表明数据适合进行因素分析。因素分析的结果抽取了 6 个因子,各因子的方差解释率分别为 12.164%、12.152%、9.535%、8.316%、7.988%、7.167%,累计方差解释率达 57.322%。碎石图如图 2-2 所示,各项目的因子负荷和共同度以及各个因子的特征值如表 2-3 所示。最终获得由 23 个题项构成的《初中生学业错误应然观正式问卷》。

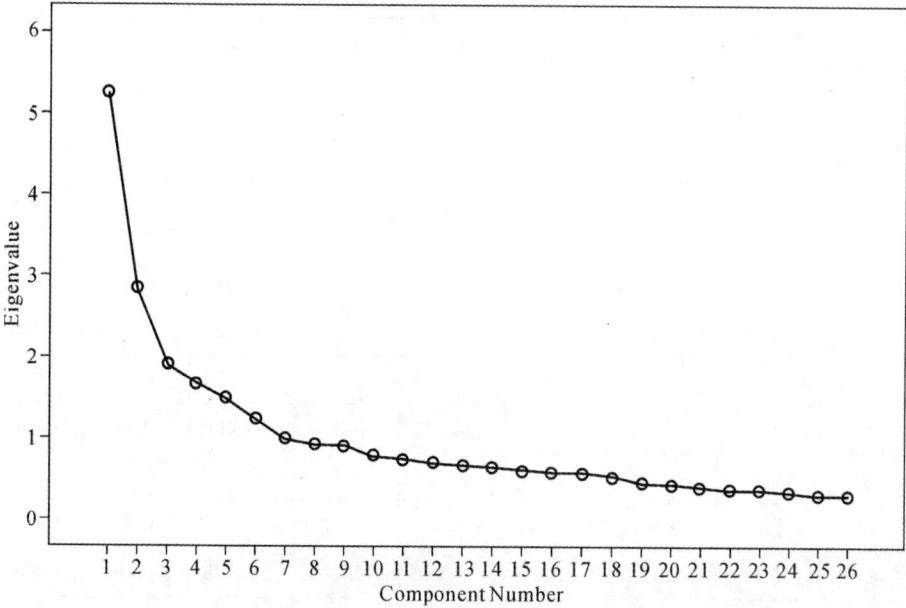

图 2-1　初中生学业错误应然观问卷项目剔除前因素分析碎石图

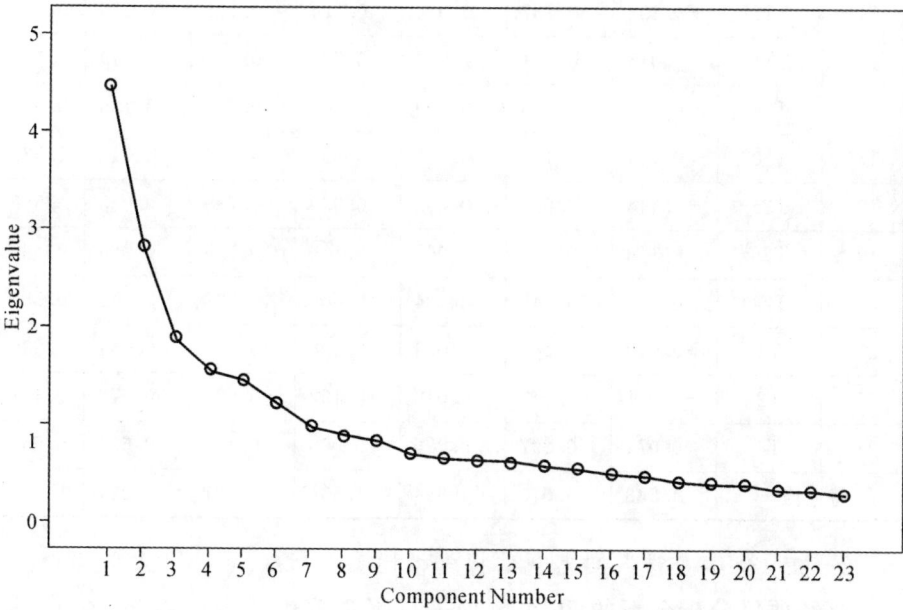

图 2-2　初中生学业错误应然观问卷项目剔除后因素分析碎石图

表 2-3　初中生学业错误应然观问卷的探索性因素分析结果

序号	项目	F1	F2	F3	F4	F5	F6	共同度
1	T16	0.745	−0.009	0.007	−0.055	0.043	−0.040	0.562
2	T27	0.744	−0.062	−0.068	0.051	0.019	−0.148	0.588
3	T15	0.660	−0.065	0.115	0.035	0.059	−0.154	0.481
4	T5	0.658	−0.126	0.007	−0.070	−0.048	0.115	0.469
5	T20	0.645	−0.006	0.245	0.010	−0.112	0.103	0.500
6	T7	−0.106	0.793	0.062	0.127	0.123	0.027	0.675
7	T8	0.015	0.764	0.048	0.026	−0.027	0.133	0.605
8	T6	−0.216	0.718	0.064	0.116	0.098	0.062	0.593
9	T9	0.015	0.667	−0.091	0.112	0.045	0.201	0.508
10	T17	−0.072	0.039	0.809	0.037	0.022	0.063	0.667
11	T18	0.064	−0.070	0.722	0.004	0.138	0.082	0.556
12	T22	0.032	0.061	0.688	0.095	0.139	0.006	0.506
13	T21	0.163	0.242	0.635	0.111	0.099	−0.038	0.512
14	T12	−0.108	0.137	0.074	0.776	0.111	0.118	0.664
15	T11	−0.015	0.151	0.049	0.775	−0.044	0.049	0.630
16	T13	−0.031	0.105	0.109	0.766	0.206	0.129	0.670
17	T10	−0.134	0.102	0.186	0.667	0.166	0.011	0.536
18	T25	−0.144	0.086	0.202	0.090	0.780	0.055	0.689
19	T26	0.118	0.085	0.061	0.146	0.729	0.086	0.585
20	T24	0.005	0.148	0.134	0.004	0.727	0.143	0.589
21	T1	−0.040	0.106	0.038	0.106	0.191	0.754	0.630
22	T2	−0.011	0.047	0.018	0.152	−0.024	0.672	0.477
23	T4	0.074	0.297	0.086	0.000	0.173	0.659	0.565
特征值		4.538	3.010	1.954	1.554	1.481	1.221	

2. 初中生学业错误实然观的探索性因素分析

对经项目分析余下的 26 个题项进行因素分析适合性检验,KMO 检验值为 0.768,Bartlett 球形检验统计量为 1907.813,$p = 0.000 < 0.01$,

表明数据适合进行因素分析。采用主成分分析、方差极大法进行因素分析,发现六因子模型结果较为理想,累计方差解释率达到 54.467%(碎石图如图 2-3 所示)。剔除因子负荷小于 0.4、题项在两个或多个因子上负荷过高的题项,共剔除 3 个项目:T19、T20、T23。对保留的 23 个题项再次进行因素分析,结果 KMO 值为 0.746,Bartlett 球形检验统计量为 1540.823,$p=0.000<0.01$,表明数据适合进行因素分析。因素分析的结果抽取了 6 个因子,各因子的方差解释率分别为 10.821%、10.595%、10.396%、8.359%、8.184%、8.150%,累计方差解释率达 56.505%。碎石图如图 2-4 所示,各项目的因子负荷和共同度以及各个因子的特征值如表 2-4 所示。最终得到由 23 个题项组成的《初中生学业错误实然观正式问卷》。

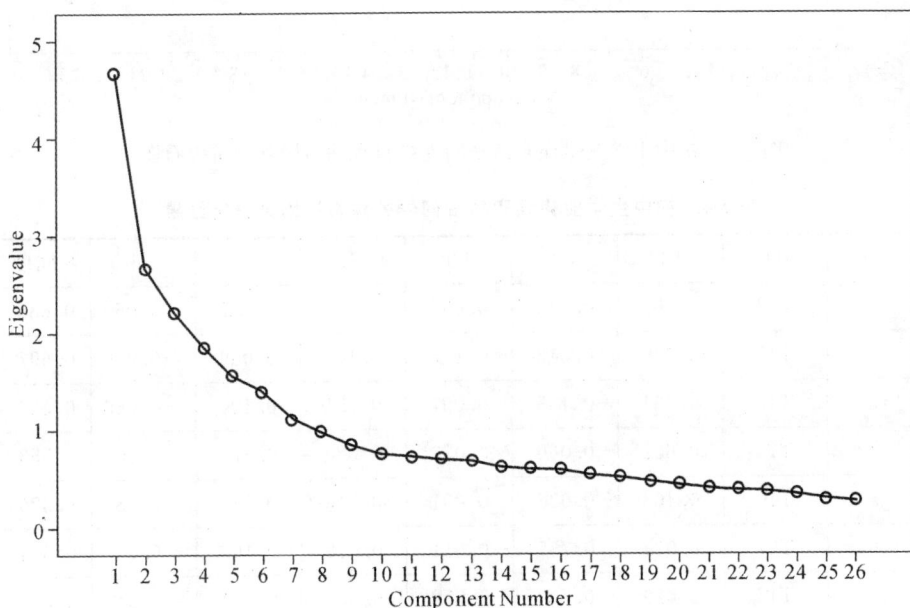

图 2-3　初中生学业错误实然观问卷项目剔除前因素分析碎石图

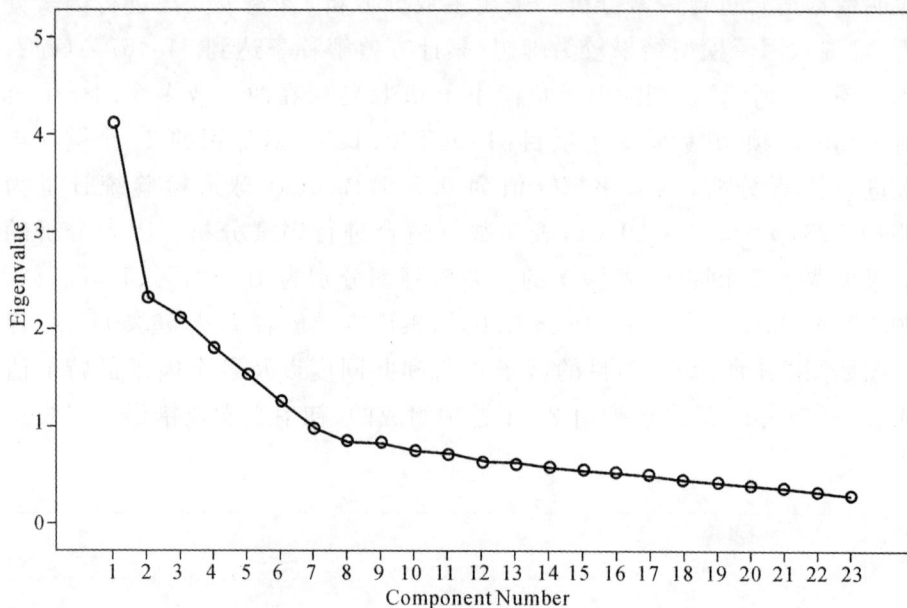

图 2-4　初中生学业错误实然观问卷项目剔除后因素分析碎石图

表 2-4　初中生学业错误实然观问卷的探索性因素分析结果

序号	项目	F1	F2	F3	F4	F5	F6	共同度
1	T13	0.808	0.043	0.057	0.068	0.147	−0.060	0.688
2	T11	0.746	0.042	0.148	0.109	−0.069	−0.010	0.597
3	T12	0.734	−0.138	0.097	0.051	0.104	0.066	0.585
4	T14	0.652	−0.060	−0.073	−0.086	0.277	0.187	0.553
5	T10	0.468	−0.098	0.001	−0.016	0.030	0.387	0.379
6	T27	0.024	0.759	−0.011	−0.018	−0.102	−0.077	0.594
7	T16	−0.029	0.709	−0.072	0.054	−0.064	−0.043	0.517
8	T15	0.091	0.675	−0.073	0.113	−0.032	0.018	0.483
9	T5	−0.130	0.674	0.025	0.004	−0.006	0.001	0.472
10	T8	−0.035	−0.077	0.796	0.091	−0.008	0.123	0.663
11	T7	0.097	−0.099	0.753	0.142	0.183	0.050	0.642
12	T9	0.094	0.095	0.737	−0.146	0.060	0.054	0.588

续表

序号	项目	F1	F2	F3	F4	F5	F6	共同度
13	T6	0.090	−0.215	0.659	0.053	0.131	0.079	0.515
14	T17	0.037	−0.100	0.016	0.750	0.202	−0.027	0.617
15	T21	0.017	0.178	0.250	0.716	−0.043	0.131	0.626
16	T18	−0.092	−0.042	−0.139	0.648	0.288	−0.064	0.537
17	T22	0.188	0.096	0.034	0.584	−0.065	0.203	0.432
18	T25	−0.089	0.154	−0.201	−0.154	−0.719	−0.094	0.622
19	T24	−0.132	0.043	−0.122	−0.109	−0.715	−0.193	0.594
20	T26	0.148	0.083	0.057	0.057	0.709	0.063	0.541
21	T1	0.061	−0.038	0.050	0.049	0.147	0.760	0.609
22	T4	−0.048	0.100	0.270	0.021	0.148	0.725	0.633
23	T2	0.141	−0.035	0.026	0.122	0.044	0.701	0.530
特征值		4.160	2.550	2.111	1.819	1.615	1.307	

(三)验证性因素分析

1. 初中生学业错误应然观的验证性因素分析

根据探索性因素分析的结果构建初中生学业错误应然观的结构模型,验证性因素分析表明(见图 2-5),模型的各项适配指标都达到统计学的要求(见表 2-5),模型的适配情况十分理想。

表 2-5 初中生学业错误应然观验证性因素分析的模型适配指数

CMIN/DF	GFI	AGFI	NFI	RFI	IFI	TLI	CFI	RMSEA
1.684	0.948	0.917	0.914	0.875	0.963	0.945	0.962	0.038

2. 初中生学业错误实然观的验证性因素分析

根据探索性因素分析结果构建初中生学业错误实然观模型进行验证性因素分析(见图 2-6),最终得到 6 个维度共 23 个题项;模型的各项适配指标都达到统计学的要求(见表 2-6),模型的适配情况十分理想。

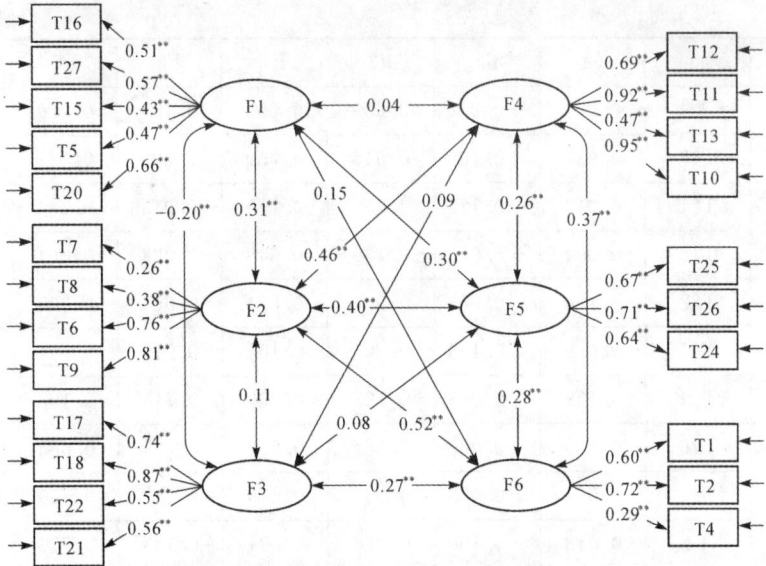

图 2-5　初中生学业错误应然观的验证性因素分析

表 2-6　初中生学业错误实然观验证性因素分析的模型适配指数

CMIN/DF	GFI	AGFI	NFI	RFI	IFI	TLI	CFI	RMSEA
1.421	0.956	0.930	0.919	0.881	0.974	0.962	0.974	0.030

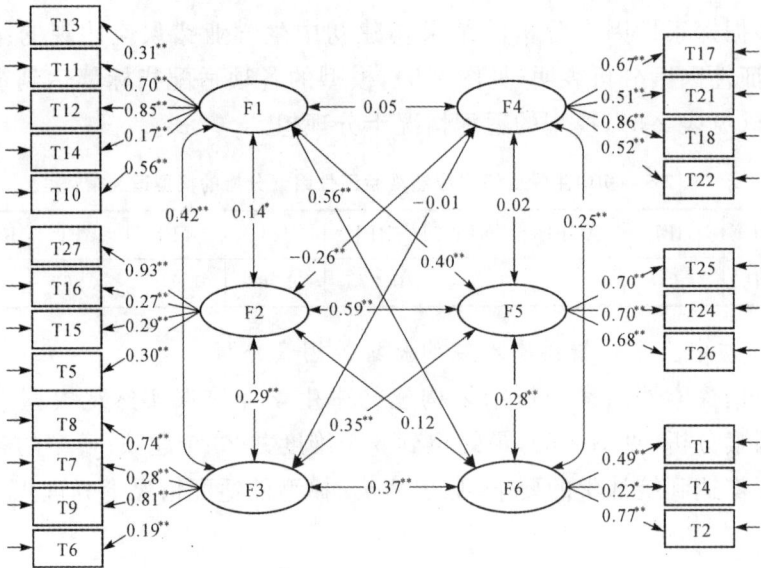

图 2-6　初中生学业错误实然观的验证性因素分析

（四）模型稳定性分析

1. 初中生学业错误应然观的模型稳定性分析

初中生学业错误应然观的模型稳定性分析结果如图 2-7 所示，模型的各项适配指标都达到统计学的要求（见表 2-7），模型的适配情况良好。

表 2-7 初中生学业错误应然观模型稳定性分析的模型适配指数

CMIN/DF	GFI	AGFI	NFI	RFI	IFI	TLI	CFI	RMSEA
1.236	0.879	0.838	0.763	0.709	0.944	0.927	0.941	0.040

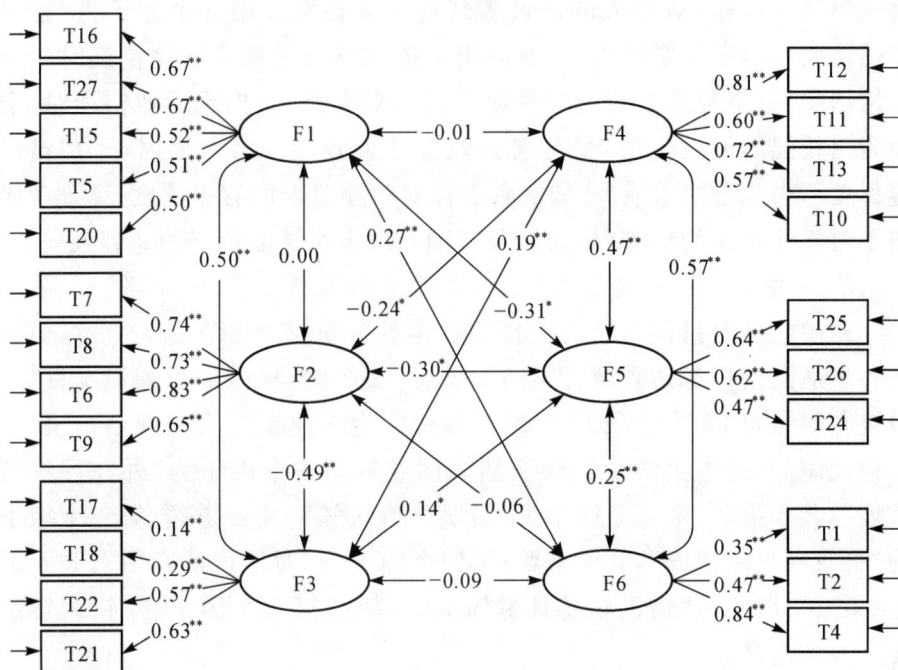

图 2-7 初中生学业错误应然观的模型稳定性分析

最终获得初中生学业错误应然观结构模型，并据此编制《初中生学业错误应然观问卷》。该问卷包含 6 个因子，第一个因子为"错误价值认知"，由 5 道题组成，主要测量初中生面对学业错误时，能不能看到学业错误所蕴含的学习与激励价值；高分者表现为个体对学业错误的价值有较充分的认识，能把学业错误当作学习资源或学习激励源，低分者仅看到学习的消极作用，忽视学业错误的积极影响。第二个因子为"自身观点确信度",由 4 道题组成,采用反向计分;高分者对自己观点的正确性比较肯定,当自己的观点与他人的观点不一致时,倾向于归因为他人出现了错误,而低分者则表现出对自己观点正确性比较不确信的倾向。第三个因子为"对错误的归因",由 4 道题组成,主要测量个体对学业中出现错误的原因的追溯;高分者倾向于把学业错误归因为自身原因,相信通过自己努力能够克服学业过程中的错误,低分者则倾向于把学业错误归因为自身以外的原因。第四个因子为"外在评价遵从度",由 4 道题组成,主要测量个体对外在评价的遵从程度;高分者表现为对外在评价非常在意,努力使自己对错误的观点和看法与他人(特别是重要他人)一致,低分者表现出某种叛逆,对他人的评价表现得不太在意。第五个因子为"错误情感体验",由 3 道题组成,主要测量个体在学业过程中出现错误时的消极情绪状态;高分者表现为对学业错误非常在意,当出现学业错误时,会表现出较强的消极情绪,低分者则没有这种倾向。第六个因子为"错误容忍度",由 3 道题组成,主要测量个体对学业错误的容忍程度;高分者倾向于对学业错误的低容忍,而低分者则表现出对学业错误的宽容倾向。

2. 初中生学业错误实然观的模型稳定性分析

初中生学业错误实然观的模型稳定性分析结果如图 2-8 所示,模型的各项适配指标都达到统计学的要求(见表 2-8),模型的适配情况良好。最终获得包含 23 个题项、6 个因子的初中生学业错误实然观结构模型,并据此编制《初中生学业错误实然观问卷》:第一个因子为"外在评价遵从度",共 5 道题;第二个因子为"错误价值认知",共 4 道题;第三个因子为"自身观点确信度",共 4 道题;第四个因子为"对错误的归因",共 4 道题;第五个因子为"错误情感体验",共 3 道题;第六个因子为"错误容忍度",共 3 道题。

表 2-8   初中生学业错误实然观模型稳定性分析的模型适配指数

CMIN/DF	GFI	AGFI	NFI	RFI	IFI	TLI	CFI	RMSEA
1.344	0.875	0.832	0.777	0.724	0.931	0.911	0.928	0.048

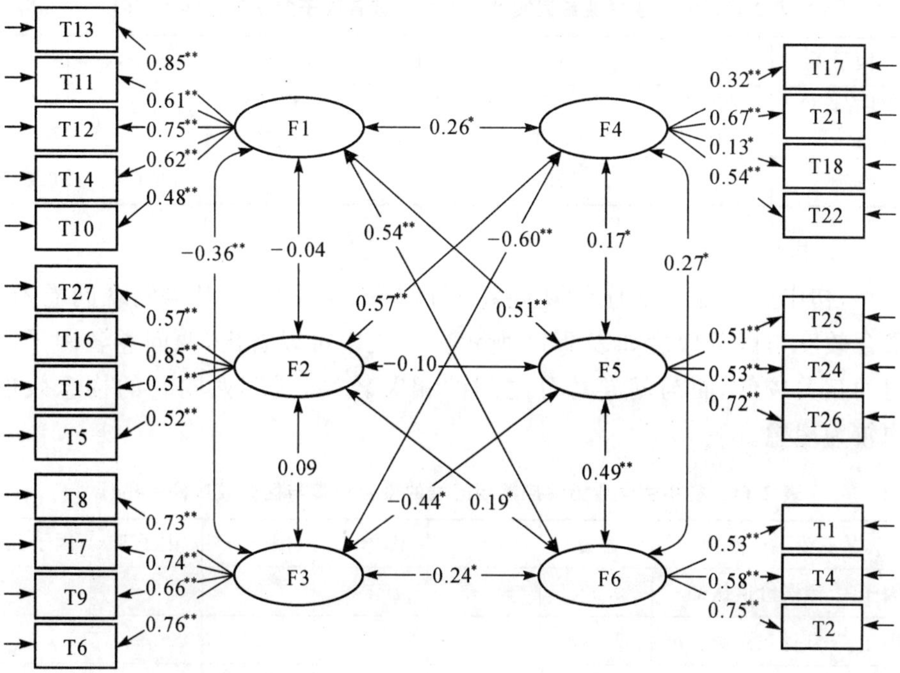

图 2-8 初中生学业错误实然观的模型稳定性分析

(五)信效度检验

1. 同质性信度

以 Cronbach α 系数为指标分别计算《初中生学业错误应然观问卷》与《初中生学业错误实然观问卷》及其各因子的同质性信度,结果发现(见表 2-9、表 2-10),α 系数在 0.644～0.818 之间,说明两问卷及其各因子均具有较好的内部一致性。

表 2-9 初中生学业错误应然观问卷及其各因子的 α 系数($n=466$)

因子一	因子二	因子三	因子四	因子五	因子六	总问卷
错误价值认知	自身观点确信度	对错误的归因	外在评价遵从度	错误情感体验	错误容忍度	
0.792	0.773	0.789	0.702	0.709	0.753	0.818

表 2-10　初中生学业错误实然观问卷及其各因子的 α 系数($n=466$)

因子一	因子二	因子三	因子四	因子五	因子六	总问卷
外在评价遵从度	错误价值认知	自身观点确信度	对错误的归因	错误情感体验	错误容忍度	
0.763	0.748	0.757	0.752	0.705	0.644	0.806

2. 构念效度

《初中生学业错误应然观问卷》与《初中生学业错误实然观问卷》的聚合效度与区分效度如表 2-11 所示。从表中可以看出,两问卷各因子之间的相关较低,而与问卷总分之间的相关较高,说明两问卷的构念效度均较为理想。

表 2-11　初中生学业错误应然观问卷的聚合效度与区分效度($n=466$)

学业错误应然观	总分	因子一	因子二	因子三	因子四	因子五
因子一 错误价值认知	0.538					
因子二 自身观点确信度	0.543	0.320				
因子三 对错误的归因	0.518	−0.205	0.132			
因子四 外在评价遵从度	0.440	0.153	0.427	0.102		
因子五 错误情感体验	0.431	0.342	0.343	0.070	0.292	
因子六 错误容忍度	0.569	0.330	0.445	0.203	0.258	0.283

表 2-12　初中生学业错误实然观问卷的聚合效度与区分效度($n=466$)

学业错误实然观	总分	因子一	因子二	因子三	因子四	因子五
因子一 外在评价遵从度	0.492					
因子二 错误价值认知	0.631	0.183				
因子三 自身观点确信度	0.508	0.249	0.295			
因子四 对错误的归因	0.550	0.145	−0.003	0.117		
因子五 错误情感体验	0.438	0.343	0.349	0.318	0.045	
因子六 错误容忍度	0.507	0.307	0.260	0.361	0.220	0.302

第二节 高中生学业错误观结构研究

一、研究过程

高中生学业错误观结构研究的过程与初中生基本相同,也包括编制初始问卷、探索性因素分析、验证性因素分析、模型稳定性分析、信效度检验等过程。

（一）编制初始问卷

参照初中生学业错误观的初始问卷,编制分别包含 28 个题项的《高中生学业错误应然观初始问卷》和包含 27 个题项的《高中生学业错误实然观初始问卷》。

问卷均采用李克特式 4 点记分,即"1"表示"完全不符","2"表示"基本不符","3"表示"基本符合","4"表示"完全符合",由被调查者根据自身的实际情况进行选择。

（二）被试

采用方便取样的方法,在浙江省某市选取高中生 506 名;收回有效问卷 345 份(有效率为 68.18%)进行探索性因素分析。其中高一学生 213人,高二学生 132 人;男生 141 人,女生 204 人。

采用相同的方法,另在浙江省某市的城镇与农村,选取高中生 378人,收回有效问卷 300 份(有效率为 79.37%)进行验证性因素分析。其中城镇学生 157 人,农村学生 143 人;高一学生 160 人,高二学生 140 人;男生 121 人,女生 179 人。

采用相同的方法,另在浙江省某市选取高中生 492 人,收回有效问卷 380 份(有效率为 77.24%)模型稳定性分析;其中高一学生 219 人,高二学生 161 人;男生 150 人,女生 230 人。

（三）施测过程

均以被试所在班级为单位,由受过培训的高年级本科生和研究生担

任主试,以统一的指导语集体施测。所有数据均采用 SPSS V17.0 和 Amos V17.0进行统计分析。

二、研究结果

(一)项目分析

高中生学业错误应然观问卷与实然观问卷各题项与其各自总分的相关系数如表 2-13、表 2-14 所示。结果表明,除应然观的 T23、T28 和实然观的 T23 外,两问卷所有项目与其各自总分的相关均达显著水平。故应然观问卷可以剔除 T23、T28,实然观问卷可以剔除 T23。

表 2-13　高中生学业错误应然观问卷各题项与其总分的相关系数($n=345$)

项目	r 值	项目	r 值	项目	r 值	项目	r 值	项目	r 值
T1	0.517**	T7	0.368**	T13	0.575**	T19	0.363**	T25	0.335**
T2	0.653**	T8	0.342**	T14	0.456**	T20	0.413**	T26	0.498**
T3	0.309**	T9	0.326**	T15	0.349**	T21	0.404**	T27	0.439**
T4	0.607**	T10	0.432**	T16	0.456**	T22	0.431**	T28	0.091
T5	0.340**	T11	0.570**	T17	0.416**	T23	−0.017		
T6	0.457**	T12	0.567**	T18	0.398**	T24	0.454**		

表 2-14　高中生学业错误实然观问卷各题项与其总分的相关系数($n=345$)

项目	r 值	项目	r 值	项目	r 值	项目	r 值	项目	r 值
T1	0.462**	T7	0.438**	T13	0.571**	T19	0.359**	T25	0.285**
T2	0.606**	T8	0.417**	T14	0.508**	T20	0.250**	T26	0.458**
T3	0.195**	T9	0.332**	T15	0.315**	T21	0.320**	T27	0.355**
T4	0.500**	T10	0.476**	T16	0.303**	T22	0.326**		
T5	0.243**	T11	0.539**	T17	0.270**	T23	−0.064		
T6	0.329**	T12	0.568**	T18	0.313**	T24	0.465**		

(二)探索性因素分析

1. 高中生学业错误应然观的探索性因素分析

对经项目分析余下的 26 个题项进行因素分析适合性检验,结果

KMO 检验值为 0.852,Bartlett 球形检验统计量为 3880.699,$p=0.000$ <0.01,表明数据适合进行因素分析。采用主成分分析、方差极大法分别进行五因子、六因子和七因子的因素分析,结果发现五因子、七因子模型中均出现了不同程度的项目混杂现象,六因子模型结果较为理想(碎石图如图 2-9 所示)。剔除因子负荷小于 0.4、题项在两个或多个因子上负荷过高的题项,共剔除 3 个题项:T3、T14、T19。对保留的 23 个题项再次进行因素分析,KMO 检验值为 0.841,Bartlett 球形检验统计量为 3381.956,$p=0.000<0.01$,表明数据适合进行因素分析。采用主成分分析、方差极大法进行六因子的因素分析,结果表明,各因子的方差解释率分别为 13.781%、12.341%、12.148%、9.584%、9.549%、8.074%,累计方差解释率达 65.477%。碎石图如图 2-10 所示,各项目的因子负荷和共同度以及各个因子的特征值如表 2-15 所示。最终形成《高中生学业错误应然观正式问卷》。

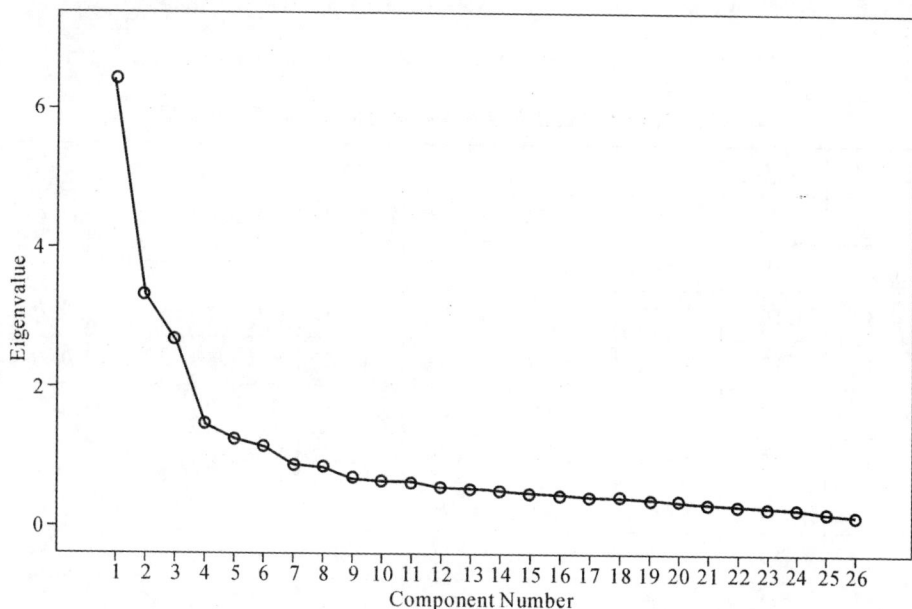

图 2-9 高中生学业错误应然观问卷项目剔除前因素分析碎石图

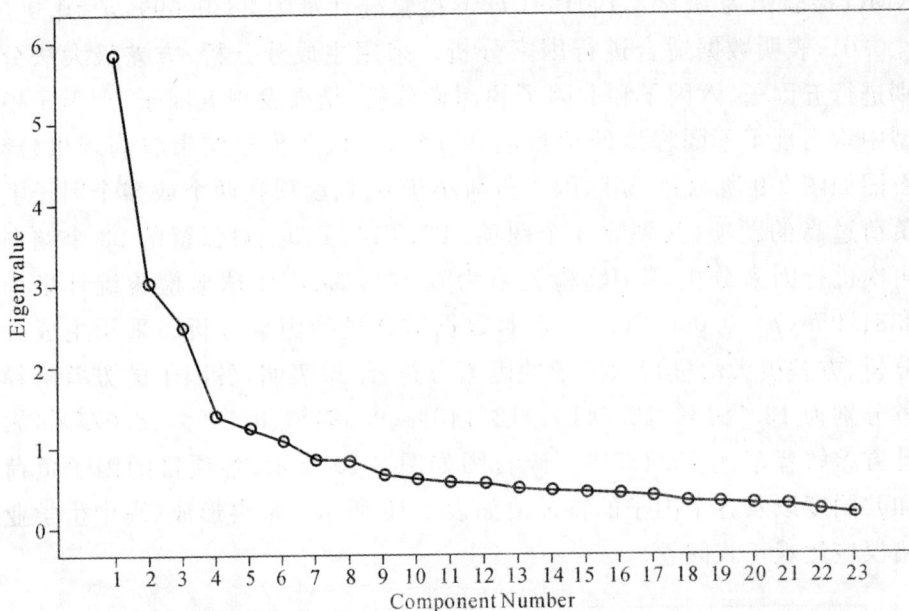

图 2-10　高中生学业错误应然观问卷项目剔除后因素分析碎石图

表 2-15　高中生学业错误应然观问卷的探索性因素分析结果

序号	项目	F1	F2	F3	F4	F5	F6	共同度
1	T7	0.856	−0.031	0.008	−0.146	−0.048	−0.099	0.768
2	T9	0.845	−0.130	−0.024	−0.091	−0.035	−0.102	0.752
3	T6	0.843	−0.043	0.056	−0.119	−0.052	−0.186	0.768
4	T8	0.835	−0.110	−0.053	−0.117	−0.136	−0.153	0.768
5	T13	−0.028	0.846	−0.035	0.139	0.102	0.182	0.781
6	T12	−0.048	0.822	−0.008	0.017	0.180	0.191	0.748
7	T11	−0.079	0.809	0.050	0.099	0.117	0.172	0.717
8	T10	−0.209	0.616	0.029	−0.050	0.312	−0.044	0.525
9	T16	−0.034	0.123	0.833	0.129	0.009	−0.045	0.728
10	T15	0.000	0.048	0.758	0.124	−0.144	0.018	0.613
11	T20	0.078	−0.150	0.686	0.226	0.128	0.092	0.575
12	T27	0.070	−0.008	0.654	0.114	0.197	0.070	0.489

续表

序号	项目	F1	F2	F3	F4	F5	F6	共同度
13	T5	−0.100	0.023	0.567	−0.066	0.212	−0.019	0.382
14	T18	−0.144	0.080	0.079	0.786	0.044	0.060	0.657
15	T17	−0.171	0.148	0.007	0.740	0.079	0.099	0.614
16	T22	−0.100	0.032	0.231	0.667	0.178	0.021	0.542
17	T21	−0.047	−0.091	0.371	0.568	0.019	0.237	0.527
18	T1	−0.115	0.096	0.063	0.125	0.800	0.152	0.705
19	T2	−0.056	0.307	0.156	0.128	0.750	0.161	0.727
20	T4	−0.055	0.292	0.175	0.088	0.741	0.061	0.680
21	T26	−0.144	0.170	0.187	0.082	0.151	0.764	0.698
22	T24	−0.170	0.147	−0.037	0.144	0.283	0.709	0.655
23	T25	−0.325	0.249	−0.046	0.124	−0.044	0.672	0.639
特征值		5.839	3.022	2.479	1.387	1.241	1.092	

2. 高中生学业错误实然观的探索性因素分析

对经项目分析余下的 26 个题项进行因素分析适合性检验,结果 KMO 检验值为 0.806,Bartlett 球形检验统计量为 3281.344,$p=0.000<0.01$,表明数据适合进行因素分析。采用主成分分析、方差极大法分别进行四因子、五因子、六因子和七因子的因素分析,结果发现四因子、五因子、七因子模型中均出现了不同程度的项目混杂现象,六因子模型结果较为理想(碎石图如图 2-11 所示)。剔除因子负荷小于 0.4、题项在两个或多个因子上负荷过高的题项,共剔除 3 个题项:T3、T19、T20。对保留的 23 个题项再次进行因素分析,KMO 检验值为 0.797,Bartlett 球形检验统计量为 2838.609,$p=0.000<0.01$,表明数据适合进行因素分析。采用主成分分析、方差极大法进行因素分析,采用六因子模型,结果表明,各因子的方差解释率分别为 13.426%、12.282%、10.085%、9.333%、8.475%、8.448%,累计方差解释率达 62.050%。碎石图如图 2-12 所示,各项目的因子负荷和共同度以及各个因子的特征值如表 2-16 所示。最终形成《高中生学业错误实然观正式问卷》。

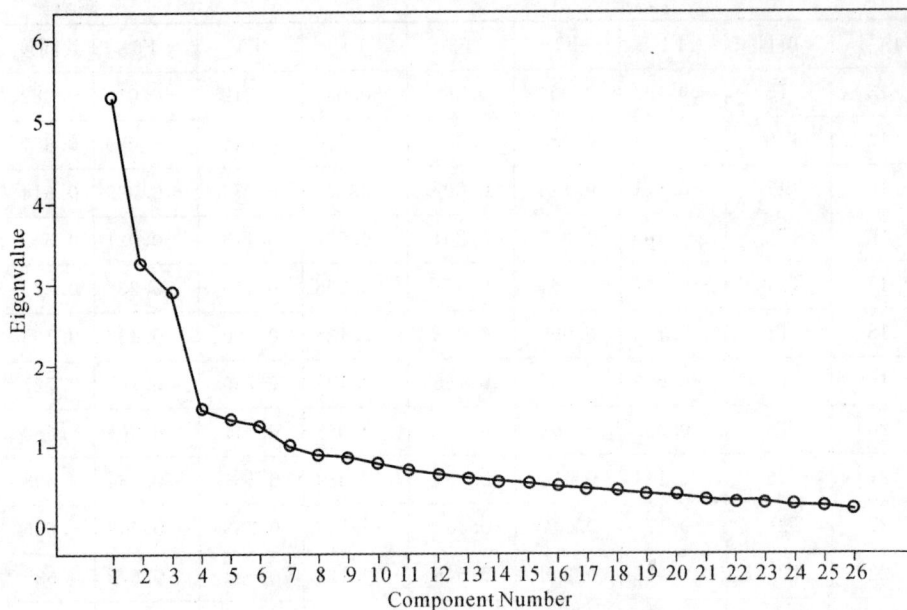

图 2-11　高中生学业错误实然观问卷项目剔除前因素分析碎石图

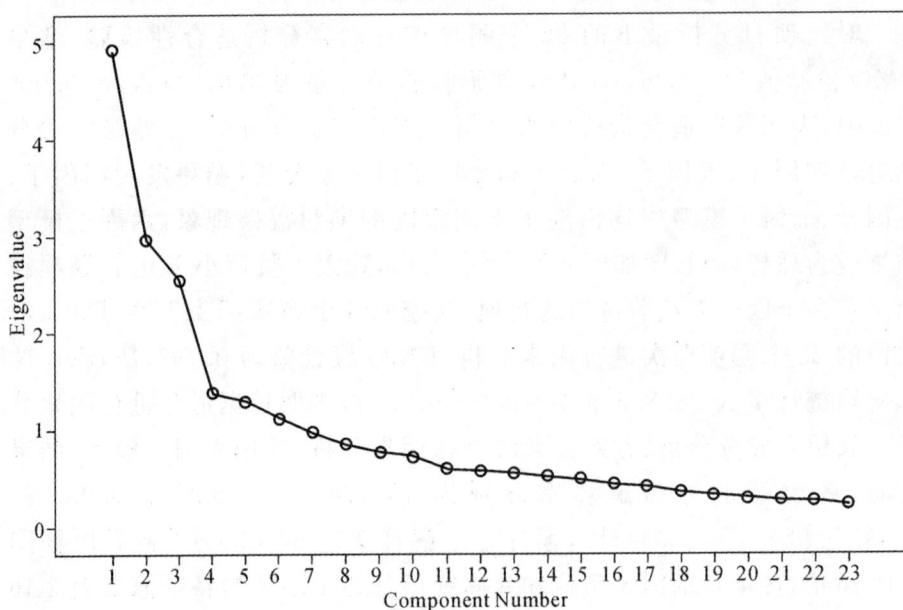

图 2-12　高中生学业错误实然观问卷项目剔除后因素分析碎石图

表 2-16 高中生学业错误实然观问卷的探索性因素分析结果

序号	项目	F1	F2	F3	F4	F5	F6	共同度
1	T12	0.832	−0.059	−0.054	0.005	0.099	0.127	0.724
2	T13	0.818	−0.047	−0.104	0.035	0.075	0.219	0.737
3	T11	0.771	−0.062	−0.071	0.098	0.046	0.166	0.643
4	T14	0.693	0.066	0.053	0.035	0.166	−0.099	0.525
5	T10	0.632	−0.121	0.105	−0.097	0.179	−0.012	0.467
6	T8	−0.086	0.831	−0.070	−0.129	−0.053	−0.118	0.737
7	T7	−0.013	0.782	0.053	−0.175	−0.043	−0.129	0.664
8	T9	−0.098	0.767	−0.068	−0.175	−0.038	−0.087	0.642
9	T6	0.010	0.765	0.075	−0.104	−0.045	−0.244	0.663
10	T16	−0.018	−0.020	0.776	0.102	0.133	−0.158	0.656
11	T27	−0.027	0.078	0.764	0.067	0.028	0.208	0.639
12	T15	−0.023	−0.021	0.715	0.209	0.133	−0.133	0.592
13	T5	0.021	−0.026	0.629	−0.081	−0.024	0.058	0.408
14	T18	0.096	−0.234	0.043	0.755	−0.047	0.050	0.641
15	T22	−0.043	−0.078	0.161	0.732	0.128	0.059	0.590
16	T17	0.114	−0.323	−0.164	0.663	0.027	0.067	0.589
17	T21	−0.113	−0.062	0.267	0.606	0.056	0.304	0.550
18	T2	0.275	−0.013	0.061	0.080	0.800	0.114	0.739
19	T1	0.040	−0.053	0.029	0.085	0.731	0.241	0.605
20	T4	0.266	−0.087	0.165	−0.028	0.692	−0.059	0.589
21	T25	0.140	−0.247	−0.086	0.107	−0.119	0.710	0.618
22	T26	0.121	−0.226	0.099	0.135	0.215	0.708	0.642
23	T24	0.114	−0.150	−0.013	0.120	0.301	0.687	0.612
特征值		4.936	2.954	2.563	1.384	1.303	1.131	

(三)验证性因素分析

1. 高中生学业错误应然观的验证性因素分析

根据探索性因素分析的结果构建高中生学业错误应然观的结构模型,经验证性因素分析表明(见图 2-13),模型的各项适配指标都达到统计学的要求(见表 2-17),模型的适配情况十分理想。

表 2-17　高中生学业错误应然观验证性因素分析的模型适配指数

CMIN/DF	GFI	AGFI	NFI	RFI	IFI	TLI	CFI	RMSEA
1.493	0.917	0.892	0.857	0.830	0.948	0.937	0.947	0.041

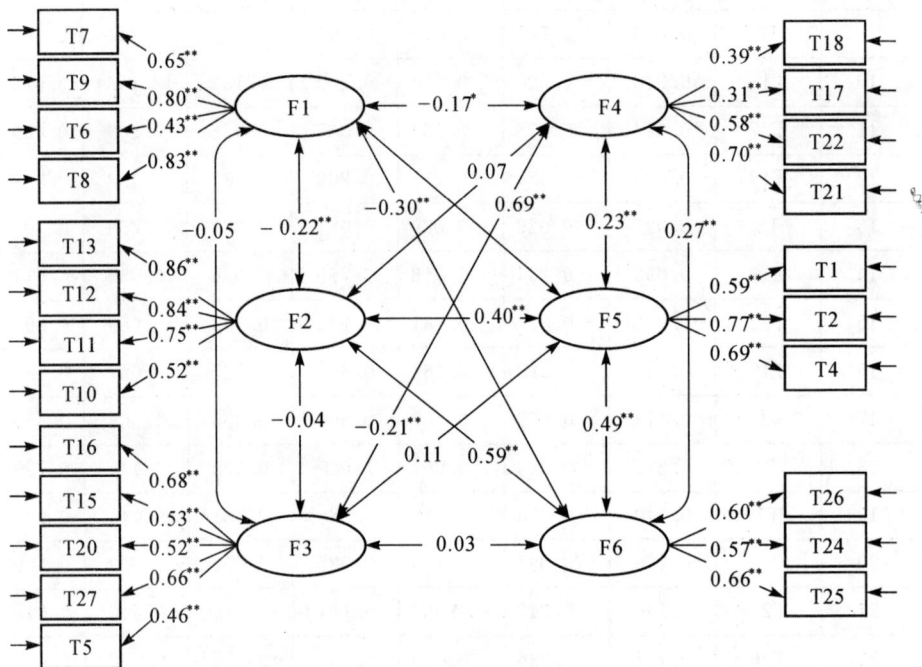

图 2-13　高中生学业错误应然观的验证性因素分析

2. 高中生学业错误实然观的验证性因素分析

根据探索性因素分析的结果构建高中生学业错误实然观的结构模型,经验证性因素分析表明(见图 2-14),模型的各项适配指标都达到统计学的要求(见表 2-18),模型的适配情况十分理想。

表 2-18 高中生学业错误实然观验证性因素分析的模型适配指数

CMIN/DF	GFI	AGFI	NFI	RFI	IFI	TLI	CFI	RMSEA
1.627	0.916	0.888	0.844	0.810	0.933	0.917	0.932	0.046

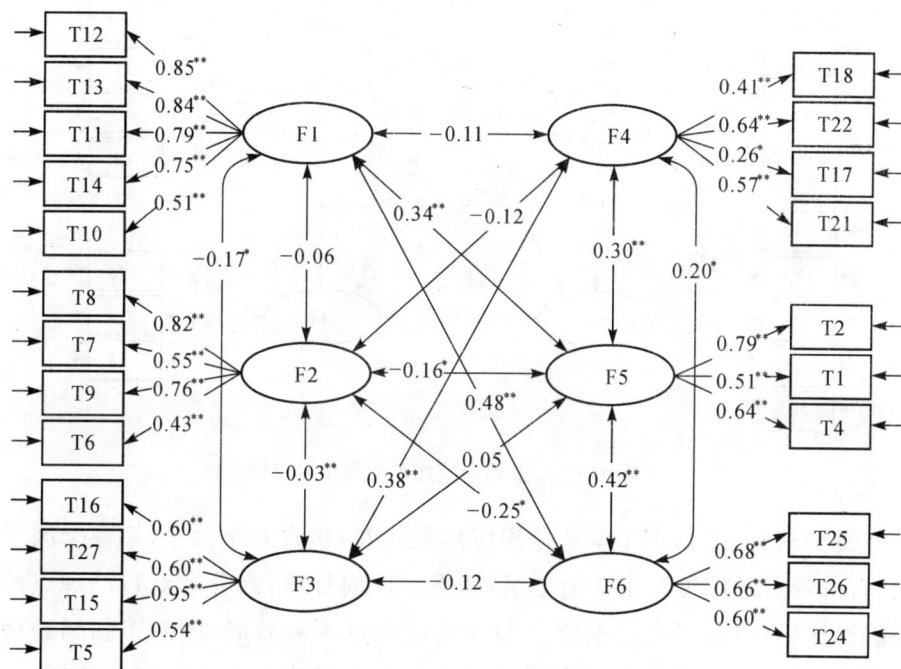

图 2-14 高中生学业错误实然观的验证性因素分析

(四)模型稳定性分析

1. 高中生学业错误应然观的模型稳定性分析

根据探索性因素分析的结果构建高中生学业错误应然观的结构模型,经模型稳定性分析表明(见图 2-15),模型的各项适配指标都达到统计学的要求(见表 2-19),模型的适配情况十分理想。最终获得包含 23个题项的《高中生学业错误应然观问卷》。

表 2-19 高中生学业错误应然观模型稳定性分析的模型适配指数

CMIN/DF	GFI	AGFI	NFI	RFI	IFI	TLI	CFI	RMSEA
1.408	0.936	0.917	0.906	0.888	0.971	0.965	0.970	0.033

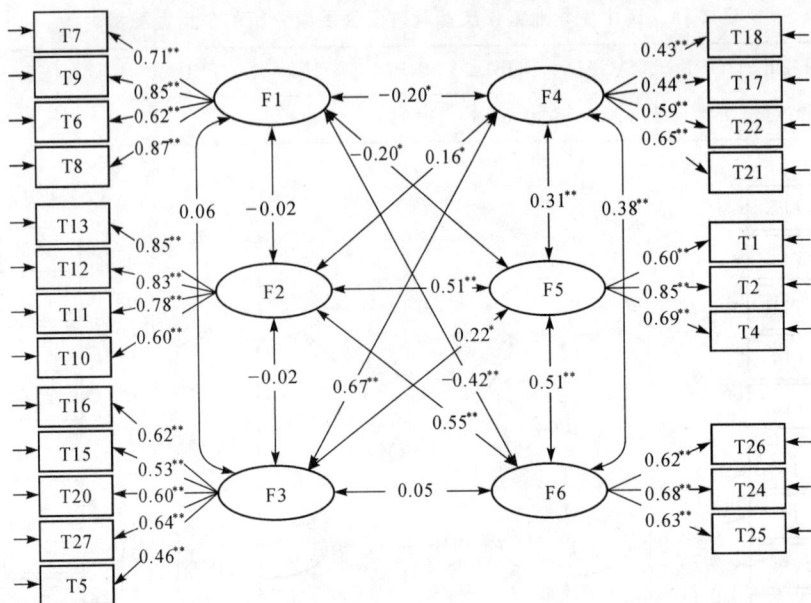

图 2-15　高中生学业错误应然观的模型稳定性分析

最终获得的《高中生学业错误应然观问卷》包含 6 个因子,第一个因子为"自身观点确信度",由 4 道题组成,采用反向计分;高分者对自己观点的正确性比较肯定,当自己的观点与他人的观点不一致时,倾向于归因为他人出现了错误,而低分者则表现出对自己观点正确性比较不确信的倾向。第二个因子为"外在评价遵从度",由 4 道题组成,主要测量个体对外在评价的遵从程度;高分者表现为对外在评价非常在意,努力使自己对错误的观点和看法与他人(特别是重要他人)一致,低分者表现出某种叛逆,对他人的评价表现得不太在意。第三个因子为"错误价值认知",由 5 道题组成,主要测量高中生面对学业错误时,能不能看到学业错误蕴含的学习与激励价值;高分者表现为个体对学业错误的价值有较充分的认识,能把学业错误当作学习资源或学习激励源,低分者仅看到学习的消极作用,忽视学业错误的积极影响。第四个因子为"对错误的归因",由 4 道题组成,主要测量个体对学业中出现错误的原因的追溯;高分者倾向于把学业错误归因为自身原因,相信通过自己努力能够克服学业过程中的错误,低分者则倾向于把学业错误归因为自身以外的原因。第五个因子为"错误容忍度",由 3 道题组成,主要测量个体对学业错误的容忍程度;高分者倾向于对学业错误低的容忍,而低分者则表现出对学业错误的宽容倾向。第六个因子为"错误情感体验",由 3 道题组成,主要测量个体在学业过程中出现错误时的消极情绪状态;高分者表现为对学业错误非常在意,当出现学业错误时,会表现出较强的消极情绪,低分者则没有这种倾向。

2. 高中生学业错误实然观的模型稳定性分析

根据探索性因素分析的结果构建高中生学业错误实然观的结构模型,经模型稳定性分析表明(见图 2-16),模型的各项适配指标都达到统计学的要求(见表 2-20),模型的适配情况十分理想。最终获得包含 23 个题项、6 个因子的《高中生学业错误实然观问卷》:第一个因子为"外在评价遵从度",共 5 道题;第二个因子为"自身观点确信度",共 4 道题;第三个因子为"错误价值认知",共 4 道题;第四个因子为"对错误的归因",共 4 道题;第五个因子为"错误容忍度",共 3 道题;第六个因子为"错误情感体验",共 3 道题。

表 2-20　高中生学业错误实然观模型稳定性分析的模型适配指数

CMIN/DF	GFI	AGFI	NFI	RFI	IFI	TLI	CFI	RMSEA
1.719	0.923	0.899	0.868	0.842	0.940	0.927	0.939	0.044

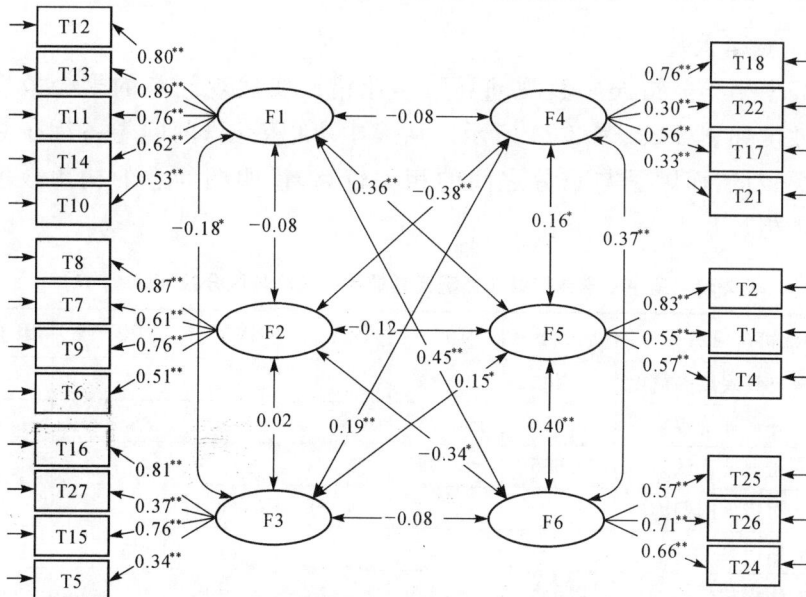

图 2-16　高中生学业错误实然观的模型稳定性分析

(五)信效度检验

1. 同质性信度

以 Cronbach α 系数为指标分别计算《高中生学业错误应然观问卷》与《高中生学业错误实然观问卷》及其各因子的同质性信度,结果发现(见表 2-21、表 2-22),α 系数在 0.669～0.887 之间,说明两问卷及其各因子均具有较好的内部一致性。

表 2-21 高中生学业错误应然观问卷及其各因子的 α 系数($n=345$)

因子一	因子二	因子三	因子四	因子五	因子六	总问卷
自身观点确信度	外在评价遵从度	错误价值认知	对错误的归因	错误容忍度	错误情感体验	
0.887	0.837	0.767	0.703	0.799	0.702	0.740

表 2-22 高中生学业错误实然观问卷及其各因子的 α 系数($n=345$)

因子一	因子二	因子三	因子四	因子五	因子六	总问卷
外在评价遵从度	自身观点确信度	错误价值认知	对错误的归因	错误容忍度	错误情感体验	
0.835	0.834	0.722	0.705	0.718	0.681	0.669

2. 构念效度

高中生学业错误应然观问卷与学业错误实然观问卷的聚合效度与区分效度如表 2-23、表 2-24 所示。从表中可以看出,两问卷各因子之间的相关较低,而因子与总分之间的相关较高,说明两问卷的构想效度均较为理想。

表 2-23　高中生学业错误应然观问卷的聚合效度与区分效度($n=345$)

学业错误应然观	总分	因子一	因子二	因子三	因子四	因子五
因子一 自身观点确信度	0.432					
因子二 外在评价遵从度	0.656	−0.237				
因子三 错误价值认知	0.555	−0.036	0.034			
因子四 对错误的归因	0.555	−0.309	0.196	0.361		
因子五 错误容忍度	0.704	−0.227	0.470	0.258	0.255	
因子六 错误情感体验	0.537	−0.436	0.382	0.112	0.321	0.380

表 2-24　高中生学业错误实然观问卷的聚合效度与区分效度($n=345$)

学业错误实然观	总分	因子一	因子二	因子三	因子四	因子五
因子一 外在评价遵从度	0.693					
因子二 自身观点确信度	0.406	−0.166				
因子三 错误价值认知	0.413	−0.031	0.009			
因子四 对错误的归因	0.416	0.101	−0.411	0.178		
因子五 错误容忍度	0.661	0.379	−0.163	0.179	0.118	
因子六 错误情感体验	0.511	0.253	−0.423	0.002	0.315	0.317

第三节　初中生学业错误应对方式结构研究

一、研究过程

(一)收集题项与编制初始问卷

1. 焦点访谈收集探测项目

在浙江省某市城镇与农村的两所初中里,分别由班主任抽取 10 名学生(学习成绩优秀生 3 名,中等生 4 名,后进生 3 名)参与焦点访谈。为保证访谈的有效性,访谈者与被试两人到独立的办公室进行访谈。访谈中初中生普遍谈及的观点可概括为以下三个方面:(1)当你在学习中犯错时,你觉得你会怎么做;(2)每次考试或作业发下来,面对自己做错的题目时,你都会怎样处理;(3)当你发现自己作业或试卷上的错误时,你觉得你会采取哪些措施来使自己不再重犯。以这三个方面的内容为探测项目,从应然和实然两个视角分别编制开放式调查问卷。

2. 开放式问卷收集题项

采用方便随机取样的方法,另在浙江省某市抽取城镇与农村初中各一所,按照整体取样的方法抽取初一至初三年级各一个班,发放包含应然和实然两个视角的开放式问卷 263 份,收回有效问卷 196 份(有效回收率 74.52%)。其中城镇学生 107 人,农村学生 89 人;初一学生 73 人,初二学生 64 人,初三学生 59 人;男生 87 人,女生 109 人。

对开放性问卷被试的回答进行整理,得到初中生学业错误应然应对方式项目 71 条、学业错误实然应对方式项目 67 条;再根据专家、教师的意见,分别将这些题项按题义相近的原则进行合并,并删除部分不符合研究目的的题项;请教育专家与初中教师进行评定,对表述不清、难以理解或有歧义的项目进行删改补充;最后请初一至初三年级各两名学生对问卷条目进行逐一阅读,再次对问卷进行删补,最后形成分别包含 29 个题项的《初中生学业错误应然应对方式初始问卷》和《初中生学业错误实然应对方式初始问卷》。

问卷均采用李克特式 4 点记分,即"1"表示"从不如此","2"表示"偶尔如此","3"表示"经常如此","4"表示"总是如此",由被调查者根据自身的实际情况进行选择。

(二)被试

采用方便取样的方法,另在浙江省某市的城镇与农村,选取初一至初三学生 307 名;收回有效问卷 244 份(有效率为 79.48%)进行探索性因素分析。其中城镇学生 148 人,农村学生 96 人;初一学生 83 人,初二学生 85 人,初三学生 76 人;男生 131 人,女生 113 人。

采用相同的方法,另在浙江省某市的城镇与农村,选取初一至初三学生 623 人,收回有效问卷 464 份(有效率为 74.48%)进行验证性因素分析。其中城镇学生 269 人,农村学生 195 人;初一学生 153 人,初二学生 161 人,初三学生 150 人;男生 234 人,女生 227 人,3 人未填性别信息。

采用相同的方法,另在浙江省某市的城镇与农村,选取初一和初二学生 209 人,收回有效问卷 152 份(有效率为 72.73%)进行模型稳定性分析。其中城镇学生 85 人,农村学生 67 人;初一学生 81 人,初二学生 71 人;男生 57 人,女生 95 人。

(三)施测过程

均以被试所在班级为单位,由受过培训的高年级本科生和研究生担任主试,以统一的指导语集体施测。所有数据均采用 SPSS V17.0 和

Amos V17.0进行统计分析。

二、研究结果与分析

(一)项目分析

初中生学业错误应然应对方式问卷与实然应对方式问卷各题项与其各自总分的相关系数如表 2-25 所示。结果表明,除应然应对方式问卷的 T24、实然应对方式问卷的 T16 外,两问卷其余项目与其各自总分的相关均达显著水平。

将所有被试各自总分按升序进行排序,取总分在前 27% 的被试作为低分组,后 27% 作为高分组。将低分组和高分组的被试在各个项目上的得分进行独立样本 t 检验,结果如表 2-26 所示。如果 t 检验的结果未达显著水平,则表示该项目不能鉴别不同被试的反应程度,故而从表2-26中可以看出,应然应对方式问卷可以剔除 T24,实然应对方式问卷可以剔除 T16。

表 2-25 初中生学业错误应然应对方式问卷与实然应对方式问卷各题项与其各自总分的相关系数($n=212$)

项目	应然应对方式	实然应对方式	项目	应然应对方式	实然应对方式	项目	应然应对方式	实然应对方式
T1	0.278**	0.256**	T11	0.261**	0.164*	T21	0.696**	0.617**
T2	0.214**	0.232**	T12	−0.241**	−0.180*	T22	0.533**	0.569**
T3	0.338**	0.364**	T13	0.578**	0.601**	T23	0.416**	0.363**
T4	0.287**	0.237**	T14	0.627**	0.560**	T24	0.017	0.593**
T5	0.302**	0.254**	T15	0.505**	0.521**	T25	0.632**	0.667**
T6	0.176*	0.332**	T16	0.620**	0.012	T26	0.653**	0.647**
T7	0.225**	0.320**	T17	0.613**	0.505**	T27	0.637**	0.620**
T8	0.362**	0.374**	T18	0.656**	0.586**	T28	0.703**	0.549**
T9	0.308**	0.340**	T19	0.738**	0.608**	T29	0.652**	0.308**
T10	0.333**	0.243**	T20	0.712**	0.663**			

注:* $p<0.05$,** $p<0.01$,下同。

表 2-26　初中生学业错误应然应对方式问卷与实然应对方式问卷各题项的 t 检验结果(t 值)

项目	应然应对方式	实然应对方式	项目	应然应对方式	实然应对方式	项目	应然应对方式	实然应对方式
T1	−2.470*	−3.108**	T11	−3.414**	−1.995*	T21	−14.589**	−10.624**
T2	−2.195*	−2.426*	T12	4.306**	3.145**	T22	−9.393**	−9.220**
T3	−4.272**	−5.146**	T13	−8.838**	−9.855**	T23	−5.013**	−4.562**
T4	−3.377**	−2.530*	T14	−11.492**	−8.772**	T24	0.314	−9.869**
T5	−3.336**	−3.274**	T15	−7.697**	−8.676**	T25	−11.602**	−11.249**
T6	3.566**	2.912**	T16	2.621**	0.210	T26	−12.041**	−10.817**
T7	−3.953**	2.481*	T17	−9.480**	−7.270**	T27	−10.938**	−9.067**
T8	−6.911**	−4.603**	T18	−10.897**	−10.048**	T28	−11.780**	−6.742**
T9	−5.356**	−4.546**	T19	−15.882**	−8.126**	T29	−11.711**	−4.171**
T10	−5.629**	−2.741**	T20	−12.796**	−9.634**			

(二)探索性因素分析

1. 初中生学业错误应然应对方式的探索性因素分析

对经项目分析余下的 28 个题项进行因素分析适合性检验,KMO 检验值为 0.862,Bartlett 球形检验统计量为 2467.904,$p=0.000<0.01$,表明数据适合进行因素分析。采用主成分分析、方差极大法进行三因子、四因子、五因子和六因子的因素分析,结果发现三因子、五因子、六因子模型中均出现了不同程度的项目混杂现象,四因子模型结果较为理想(碎石图如图 2-17 所示)。剔除因子负荷小于 0.4、题项在两个或多个因子上负荷过高的题项,共剔除 7 个项目:T5、T8、T13、T14、T27、T28、T29。对保留的 21 个题项再次进行因素分析,结果 KMO 值为 0.848,Bartlett 球形检验统计量为 1807.116,$p=0.000<0.01$,表明数据适合进行因素分析。因素分析的结果抽取了 4 个因子,各因子的方差解释率分别为 20.910%、18.001%、8.874%、7.598%,累计方差解释率达 55.382%。碎石图如图 2-18 所示,各项目的因子负荷和共同度以及各个因子的特征值如表 2-27 所示。最终由 21 个题项形成了《初中生学业错误应然应对方式正式问卷》。

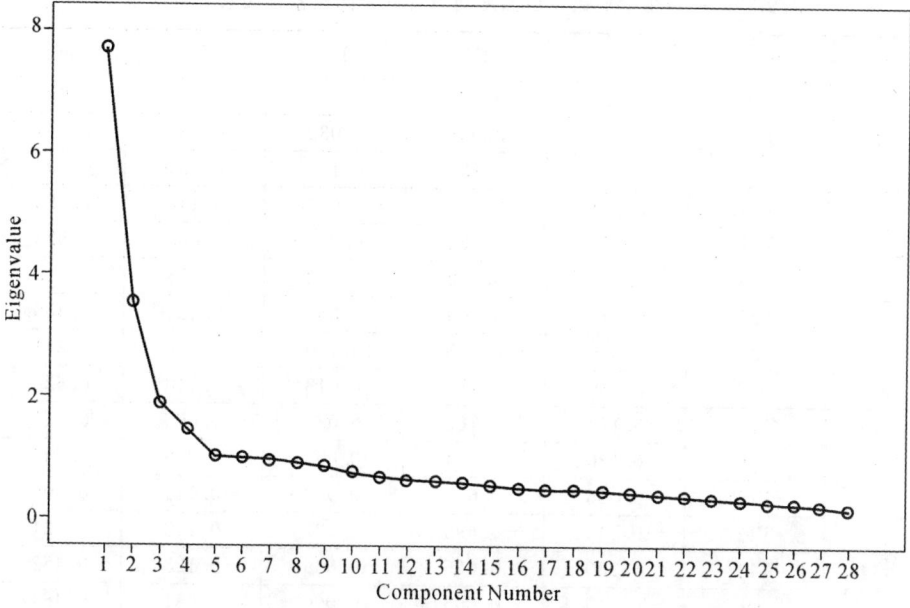

图 2-17　初中生学业错误应然应对方式问卷项目剔除前因素分析碎石图

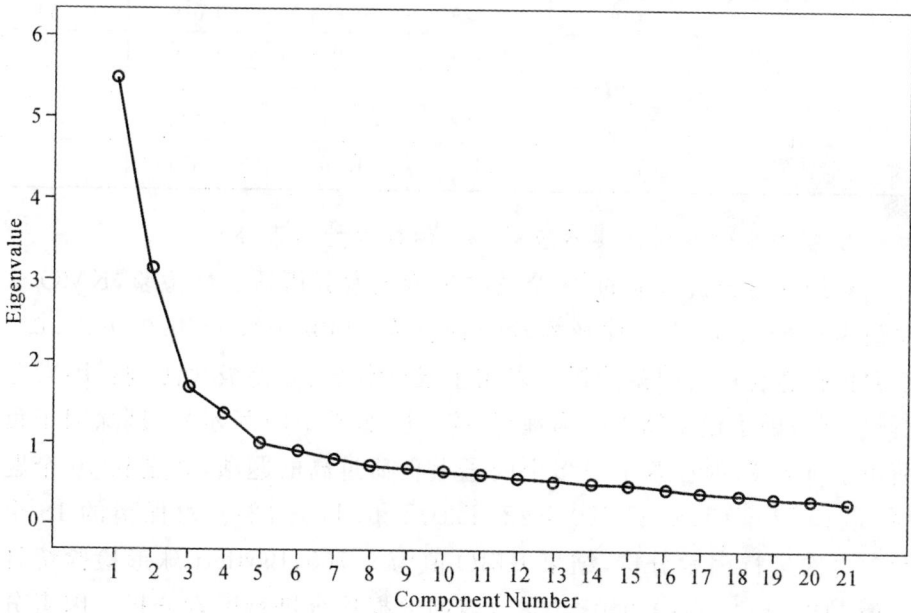

图 2-18　初中生学业错误应然应对方式问卷项目剔除后因素分析碎石图

表 2-27　初中生学业错误应然应对方式问卷的探索性因素分析结果

序号	项目	F1	F2	F3	F4	共同度
1	T19	0.828	0.071	0.017	0.031	0.691
2	T21	0.764	0.088	0.033	0.037	0.594
3	T20	0.734	0.150	0.123	0.154	0.600
4	T26	0.721	0.201	−0.030	0.144	0.583
5	T17	0.719	−0.032	−0.032	−0.068	0.523
6	T18	0.662	0.202	0.053	0.178	0.513
7	T25	0.646	0.105	0.085	0.124	0.450
8	T22	0.504	0.173	0.240	−0.008	0.341
9	T7	0.039	0.785	0.018	0.040	0.620
10	T10	0.172	0.763	−0.035	−0.060	0.617
11	T9	0.126	0.714	−0.098	−0.096	0.544
12	T16	−0.026	−0.697	0.069	−0.119	0.506
13	T12	−0.143	−0.696	0.027	−0.128	0.521
14	T11	0.130	0.666	−0.066	−0.128	0.482
15	T6	−0.143	−0.665	0.000	0.031	0.464
16	T1	0.025	−0.026	0.814	0.016	0.664
17	T2	−0.028	−0.185	0.769	0.135	0.645
18	T23	0.266	−0.029	0.693	−0.089	0.559
19	T3	0.128	0.024	−0.004	0.776	0.619
20	T4	0.076	−0.104	0.101	0.730	0.559
21	T15	0.188	0.098	−0.112	0.523	0.534
	特征值	5.479	3.129	1.669	1.353	

2. 初中生学业错误实然应对方式的探索性因素分析

对经项目分析余下的 28 个题项进行因素分析适合性检验，KMO 检验值为 0.814，Bartlett 球形检验统计量为 2140.502，$p = 0.000 < 0.01$，表明数据适合进行因素分析。采用主成分分析、方差极大法进行因素分析，发现三因子模型结果较为理想（碎石图如图 2-19 所示）。剔除因子负荷小于 0.4、题项在两个或多个因子上负荷过高的题项，共剔除 10 个题项：T2、T12、T15、T18、T20、T22、T25、T26、T28、T29。对保留的 18 个题项再次进行因素分析，结果 KMO 值为 0.765，Bartlett 球形检验统计量为 1185.183，$p = 0.000 < 0.01$，表明数据适合进行因素分析。因素分析的结果抽取了 3 个因子，各因子的方差解释率分别为 18.427%、18.186%、10.258%，累计方差解释率达 46.872%。碎石图如图 2-20 所

示,各项目的因子负荷和共同度以及各个因子的特征值如表 2-28 所示。最终由 18 个题项形成《初中生学业错误实然应对方式正式问卷》。

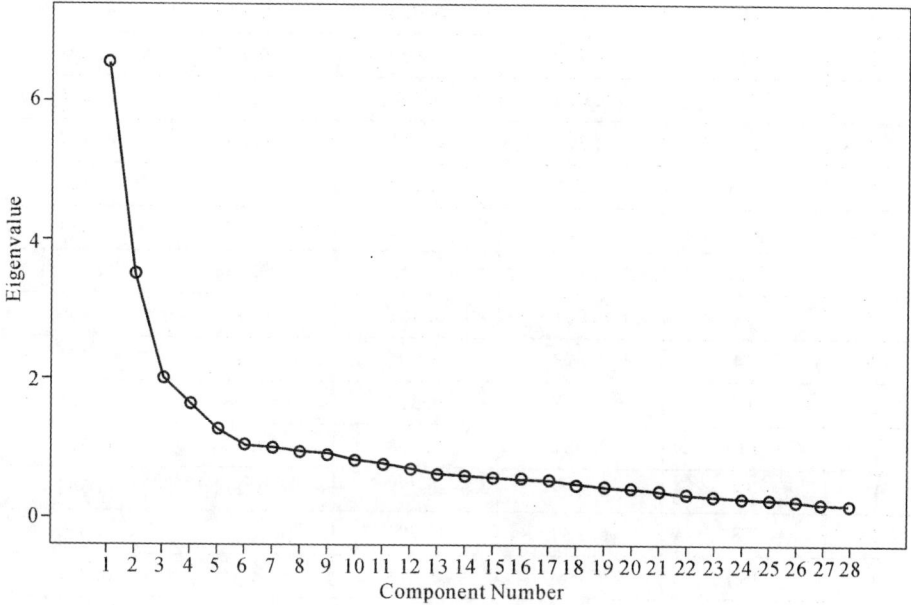

图 2-19　初中生学业错误实然应对方式问卷项目剔除前因素分析碎石图

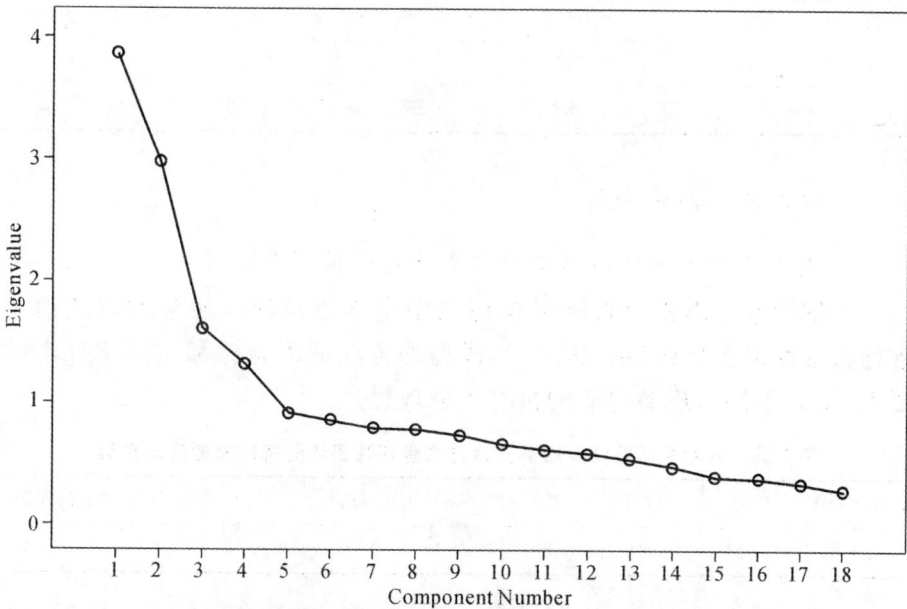

图 2-20　初中生学业错误实然应对方式问卷项目剔除后因素分析碎石图

表 2-28　初中生学业错误实然应对方式问卷的探索性因素分析结果

序号	项目	F1	F2	F3	共同度
1	T19	0.790	0.054	−0.084	0.634
2	T24	0.703	0.080	0.065	0.505
3	T21	0.683	0.100	0.201	0.516
4	T17	0.674	0.021	−0.053	0.457
5	T13	0.642	−0.034	−0.042	0.415
6	T27	0.620	0.202	0.243	0.484
7	T14	0.600	0.013	0.114	0.373
8	T3	0.581	0.101	0.115	0.489
9	T4	0.573	−0.054	0.169	0.481
10	T7	−0.057	0.813	−0.084	0.672
11	T10	0.061	0.758	−0.014	0.578
12	T6	−0.059	−0.727	0.111	0.544
13	T8	0.189	0.724	0.017	0.559
14	T11	−0.009	0.671	−0.074	0.456
15	T9	−0.132	−0.642	0.132	0.447
16	T1	−0.120	−0.070	0.779	0.627
17	T23	0.055	−0.060	0.716	0.520
18	T5	0.054	−0.200	0.661	0.480
特征值		3.858	2.972	1.607	

(三)验证性因素分析

1. 初中生学业错误应然应对方式的验证性因素分析

根据探索性因素分析结果构建初中生学业错误应然应对方式模型进行验证性因素分析(见图 2-21),模型的各项适配指标都达到统计学的要求(见表 2-29),模型的适配情况十分理想。

表 2-29　初中生学业错误应然应对方式验证性因素分析的模型适配指数

CMIN/DF	GFI	AGFI	NFI	RFI	IFI	TLI	CFI	RMSEA
1.848	0.951	0.919	0.960	0.939	0.981	0.971	0.981	0.043

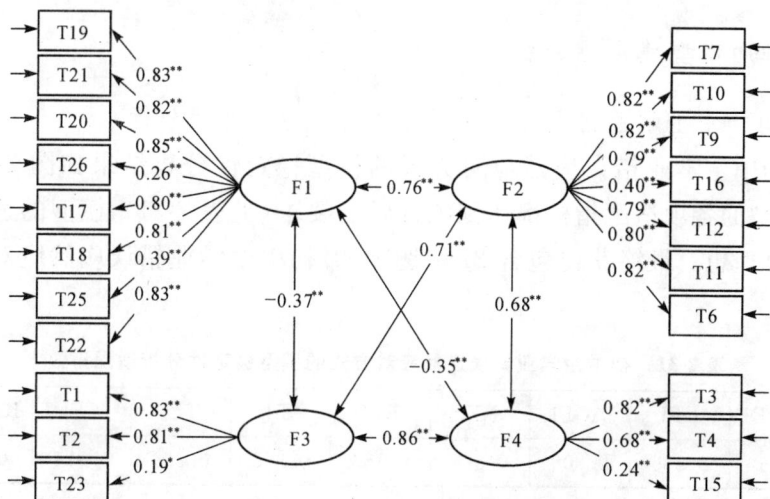

图 2-21　初中生学业错误应然应对方式的验证性因素分析

2. 初中生学业错误实然应对方式的验证性因素分析

根据探索性因素分析结果构建初中生学业错误实然应对方式模型进行验证性因素分析(见图 2-22),模型的各项适配指标都达到统计学的要求(见表 2-30),模型的适配情况较为理想。

表 2-30　初中生学业错误实然应对方式验证性因素分析的模型适配指数

CMIN/DF	GFI	AGFI	NFI	RFI	IFI	TLI	CFI	RMSEA
2.778	0.923	0.890	0.863	0.824	0.908	0.880	0.906	0.062

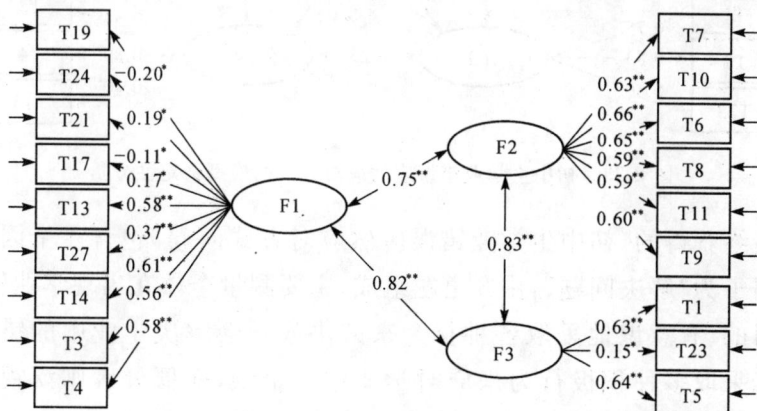

图 2-22　初中生学业错误实然应对方式的验证性因素分析

(四)模型稳定性分析

1. 初中生学业错误应然应对方式的模型稳定性分析

初中生学业错误应然应对方式的模型稳定性分析结果如图 2-23 所示,模型的各项适配指标都达到统计学的要求(见表 2-31),模型的适配情况十分理想。最终获得包含 21 个题项的《初中生学业错误应然应对方式问卷》。

表 2-31　初中生学业错误应然应对方式的模型稳定性分析适配指数

CMIN/DF	GFI	AGFI	NFI	RFI	IFI	TLI	CFI	RMSEA
1.596	0.855	0.809	0.824	0.789	0.926	0.909	0.924	0.063

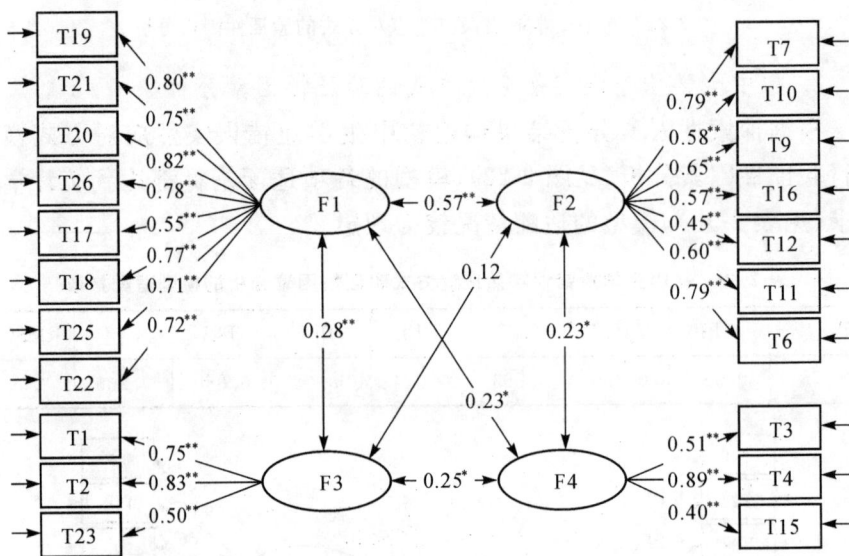

图 2-23　初中生学业错误应然应对方式的模型稳定性分析

最终获得的《初中生学业错误应然应对方式问卷》包含 4 个因子,第一个因子为"解决问题",由 8 道题组成,主要测量个体在出现学业错误之后有目的、有意识地采取各种行为来解决或学会解决学业中的错误;高分者能采取多种积极行为来应对学业中的错误,而低分者则漠视错误,不采取任何补救措施。第二个因子为"逃避错误",由 7 道题组成,主要测量个体在面对学业错误时采用消极行为来躲避错误;高分者对错误采取逃避行为,低分者能够面对学业错误,对错误有正确的认识。第三个因子为"消极情绪",由3道题组成,主要测量个体在出现学业错误之后的一种悲观或消极的情绪;高分者容易在出现学业错误之后产生悲伤、焦虑等负性情绪,而低分者则较少产生消极情绪。第四个因子为"积极情绪",由3道题组成,主要测量个体积极面对并积极对待错误的一种情绪状态;高分者能理性地看待错误并产生超越错误的积极情绪状态,而低分者则不能。

2. 初中生学业错误实然应对方式的模型稳定性分析

初中生学业错误实然应对方式的模型稳定性分析结果如图2-24所示,模型的各项适配指标都达到统计学的要求(见表2-32),模型的适配情况十分理想。最终获得包含18个题项、3个因子的《初中生学业错误实然应对方式问卷》:第一个因子为"解决问题与积极情绪",共9道题;第二个因子为"逃避错误",共6道题;第三个因子为"消极情绪",共3道题。

表 2-32　初中生学业错误实然应对方式的模型稳定性分析适配指数

CMIN/DF	GFI	AGFI	NFI	RFI	IFI	TLI	CFI	RMSEA
1.614	0.872	0.825	0.795	0.750	0.911	0.887	0.908	0.064

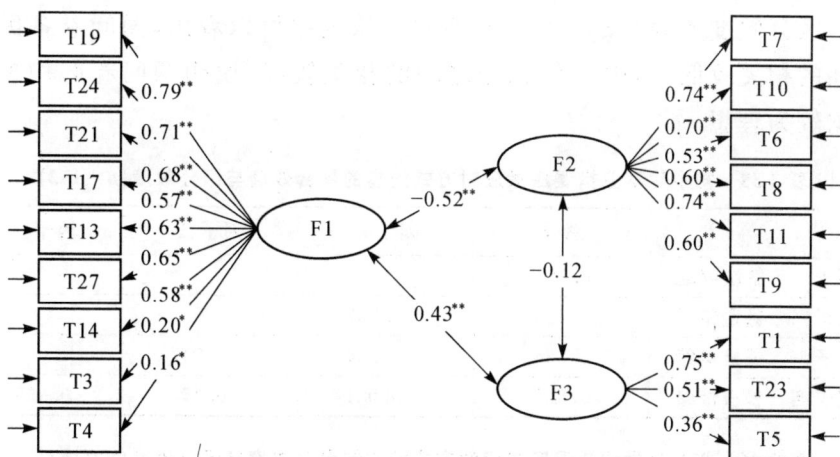

图 2-24　初中生学业错误实然应对方式的模型稳定性分析

（五）信效度检验

1. 同质性信度

以 Cronbach α 系数为指标分别计算初中生学业错误应然应对方式
问卷与实然应对方式问卷及其各因子的同质性信度，结果如表 2-33、表
2-34 所示。从表中可见 α 系数在 0.710～0.900 之间，表明两问卷及其各
因子均具有较好的内部一致性。

表 2-33　初中生学业错误应然应对方式问卷及其各因子的 α 系数（n＝241）

因子一 解决问题	因子二 逃避错误	因子三 消极情绪	因子四 积极情绪	总问卷
0.900	0.865	0.777	0.764	0.894

表 2-34　初中生学业错误实然应对方式问卷及其各因子的 α 系数（n＝241）

因子一 解决问题与积极情绪	因子二 逃避错误	因子三 消极情绪	总问卷
0.890	0.793	0.710	0.863

2. 构念效度

初中生学业错误应然应对方式问卷与实然应对方式问卷的聚合效
度与区分效度如表 2-35、表 2-36 所示。从表中可以看出，两问卷各因子
之间的相关较低，而因子与总分之间的相关较高，说明两问卷的构想效
度均较为理想。

表 2-35　初中生学业错误应然应对方式问卷的聚合效度与区分效度（n＝152）

	总分	因子一	因子二	因子三
因子一　解决问题	0.701			
因子二　逃避错误	0.436	−0.262		
因子三　消极情绪	0.684	0.324	−0.047	
因子四　积极情绪	0.521	0.081	0.378	0.095

表 2-36　初中生学业错误实然应对方式问卷的聚合效度与区分效度（n＝152）

	总分	因子一	因子二
因子一　解决问题与积极情绪	0.796		
因子二　逃避错误	0.656	−0.213	
因子三　消极情绪	0.672	0.355	−0.092

第四节　高中生学业错误应对方式结构研究

一、研究过程

高中生学业错误应对方式结构研究的过程与初中生基本相同,也包括编制初始问卷、探索性因素分析、验证性因素分析、模型稳定性分析、信效度检验等过程。

（一）编制初始问卷

参照初中生学业错误应对方式的初始问卷,编制分别包含 29 个题项的《高中生学业错误应然应对方式初始问卷》和《高中生学业错误实然应对方式初始问卷》。

问卷均采用李克特式 4 点记分,即"1"表示"从不如此","2"表示"偶尔如此","3"表示"经常如此","4"表示"总是如此",由被调查者根据自身的实际情况进行选择。

（二）被试

采用方便取样的方法,在浙江省某市选取高中生 506 名;收回有效问卷 387 份(有效率为 76.48%)进行探索性因素分析。其中高一学生 233 人,高二学生 154 人;男生 161 人,女生 225 人,1 人未填性别信息。

采用相同的方法,另在浙江省某市的城镇与农村,选取高中生 378 人,收回有效问卷 300 份(有效率为 79.37%)进行模型稳定性分析。其中城镇学生 157 人,农村学生 143 人;高一学生 160 人,高二学生 140 人;男生 121 人,女生 179 人。

采用相同的方法,另在浙江省某市选取高中生 492 人,收回有效问卷 380 份(有效率为 77.24%)进行模型稳定性分析。其中高一学生 219 人,高二学生 161 人;男生 150 人,女生 230 人。

（三）施测过程

均以被试所在班级为单位,由受过培训的高年级本科生和研究生担

任主试,以统一的指导语集体施测。所有数据均采用 SPSS V17.0 和 Amos V17.0进行统计分析。

二、研究结果与分析

(一)项目分析

高中生学业错误应然应对方式问卷与实然应对方式问卷各题项与其各自总分的相关系数如表 2-37 所示。结果表明,除应然应对方式的 T9 外,两问卷其余项目与其各自总分的相关均达显著水平。因此,可以剔除应然应对方式问卷的 T9。

表 2-37　高中生学业错误应然应对方式与实然应对方式问卷各题项与其各自总分的相关系数($n=387$)

项目	应然应对方式	实然应对方式	项目	应然应对方式	实然应对方式	项目	应然应对方式	实然应对方式	项目	应然应对方式	实然应对方式
T1	0.373**	0.368**	T9	−0.070	0.104*	T17	0.651**	0.488**	T25	0.649**	0.393**
T2	0.378**	0.367**	T10	0.125*	0.304**	T18	0.659**	0.325**	T26	0.723**	0.511**
T3	0.440**	0.368**	T11	0.291**	0.275**	T19	0.720**	0.549**	T27	0.756**	0.524**
T4	0.443**	0.404**	T12	0.226**	0.340**	T20	0.670**	0.397**	T28	0.714**	0.547**
T5	0.223**	0.271**	T13	0.537**	0.341**	T21	0.711**	0.365**	T29	0.558**	0.261**
T6	0.243**	0.250**	T14	0.605**	0.503**	T22	0.699**	0.421**			
T7	0.129*	0.328**	T15	0.497**	0.305**	T23	0.420**	0.400**			
T8	0.279**	0.311**	T16	0.197**	0.326**	T24	0.714**	0.520**			

(二)探索性因素分析

1. 高中生学业错误应然应对方式的探索性因素分析

对经项目分析余下的 28 个题项进行因素分析适合性检验,KMO 检验值为 0.936,Bartlett 球形检验统计量为 7096.965,$p=0.000<0.01$,表明数据适合进行因素分析。采用主成分分析、方差极大法进行四因子的因素分析,其碎石图如图 2-25 所示。剔除因子负荷小于 0.4、题项在两个或多个因子上负荷过高的题项,共剔除 5 个题项:T5、T13、T14、T20、T29。对保留的 23 个题项再次进行因素分析,结果 KMO 检验值为

0.915，Bartlett 球形检验统计量为 5562.531，$p=0.000<0.01$，表明数据适合进行因素分析。仍采用主成分分析、方差极大法进行四因子的因素分析，结果表明，各因子的方差解释率分别为 31.273%、18.216%、9.579%、8.200%，累计方差解释率达 67.267%。各项目的因子负荷和共同度以及各个因子的特征值如表 2-38 所示，碎石图如图 2-26 所示。最终形成《高中生学业错误应然应对方式正式问卷》。

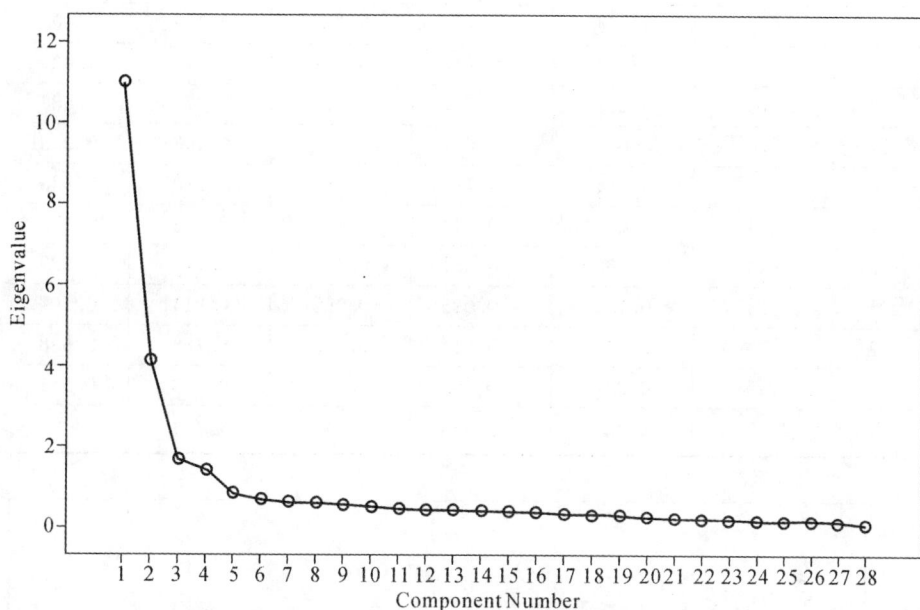

图 2-25　高中生学业错误应然应对方式问卷项目剔除前因素分析碎石图

表 2-38　高中生学业错误应然应对方式问卷的探索性因素分析结果

序号	项目	F1	F2	F3	F4	共同度
1	T24	0.892	−0.154	−0.020	0.057	0.822
2	T19	0.878	−0.160	−0.017	0.103	0.808
3	T26	0.857	−0.108	0.043	0.098	0.758
4	T27	0.857	−0.110	0.086	0.164	0.781
5	T28	0.845	−0.039	0.072	0.013	0.722
6	T21	0.804	−0.209	0.096	0.231	0.753
7	T17	0.791	−0.199	−0.059	0.162	0.695
8	T22	0.773	−0.173	0.125	0.197	0.683

续表

序号	项目	F1	F2	F3	F4	共同度
9	T25	0.709	−0.172	0.216	0.153	0.603
10	T18	0.698	−0.137	0.187	0.188	0.577
11	T7	−0.118	0.801	0.021	−0.059	0.659
12	T6	−0.244	0.768	−0.006	−0.022	0.650
13	T8	−0.206	0.754	0.091	−0.051	0.622
14	T12	−0.064	0.754	0.173	−0.055	0.605
15	T11	−0.244	0.742	0.158	0.019	0.636
16	T10	−0.202	0.727	0.113	0.077	0.589
17	T16	0.022	0.617	0.027	−0.108	0.393
18	T2	0.064	0.175	0.881	0.110	0.823
19	T1	0.051	0.214	0.828	0.145	0.755
20	T23	0.266	0.081	0.729	−0.143	0.629
21	T3	0.199	−0.035	0.068	0.814	0.707
22	T4	0.225	0.015	0.013	0.766	0.638
23	T15	0.237	−0.202	0.039	0.573	0.561
特征值		8.664	3.826	1.577	1.404	

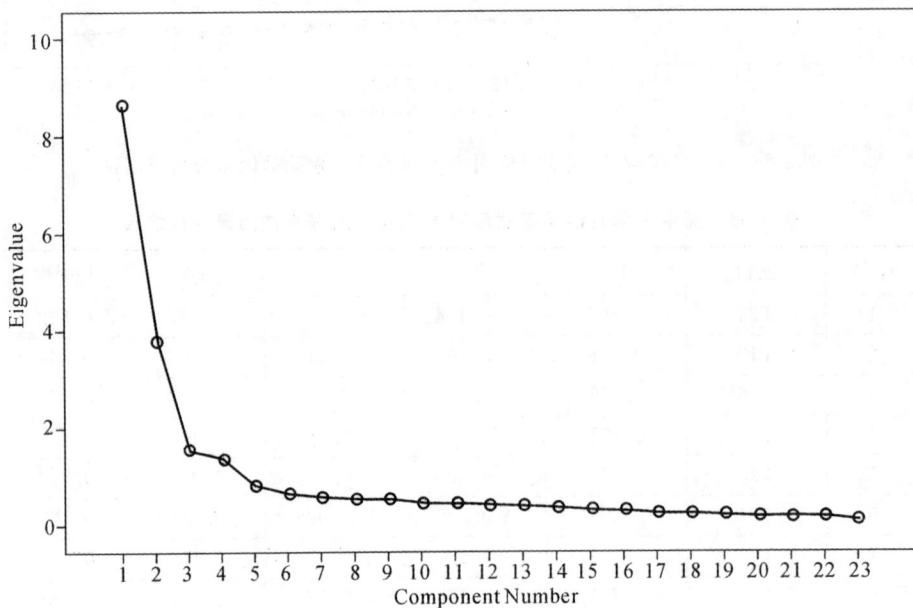

图 2-26　高中生学业错误应然应对方式问卷项目剔除后因素分析碎石图

2. 高中生学业错误实然应对方式的探索性因素分析

对经项目分析的 29 个题项进行因素分析适合性检验，KMO 检验值为 0.870，Bartlett 球形检验统计量为 3747.784，$p=0.000<0.01$，表明数据适合进行因素分析。采用主成分分析、方差极大法进行因素分析，采用四因子模型，碎石图如图 2-27 所示。剔除因子负荷小于 0.4、题项在两个或多个因子上负荷过高的题项，共剔除 11 个题项：T5、T9、T12、T13、T16、T18、T20、T21、T22、T25、T29。剔除后，对保留的 18 个题项进行探索性因素分析，结果表明 KMO 检验值为 0.816，Bartlett 球形检验统计量为 2088.856，$p=0.000<0.01$，表明数据适合进行因素分析。仍采用主成分分析、方差极大法进行因素分析，采用四因子模型，结果表明，各因子的方差解释率分别为 21.522%、14.814%、11.592%、10.726%，累计方差解释率达 58.654%。各项目的因子负荷和共同度以及各个因子的特征值如表 2-39 所示，碎石图如图 2-28 所示。最终由 18 个题项形成《高中生学业错误实然应对方式正式问卷》。

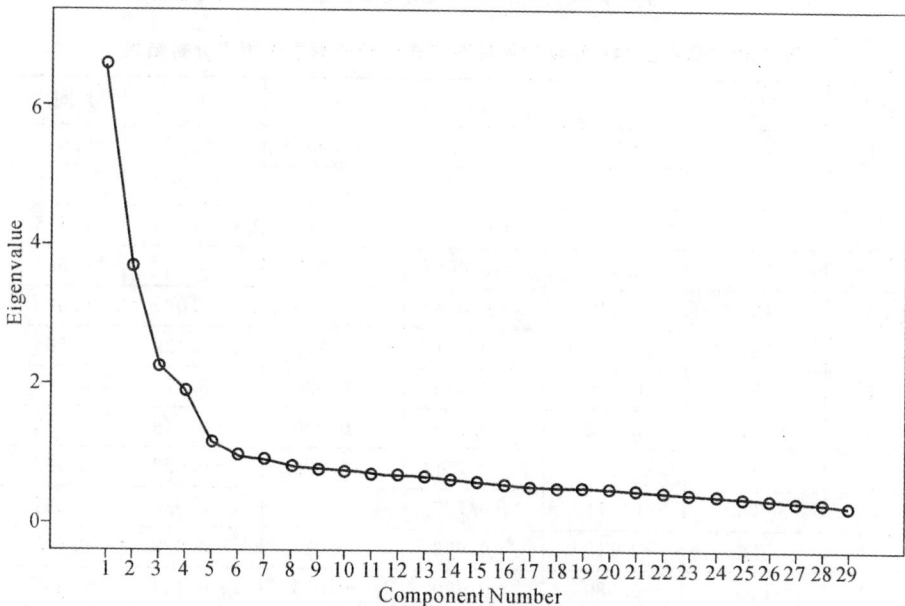

图 2-27　高中生学业错误实然应对方式问卷项目剔除前因素分析碎石图

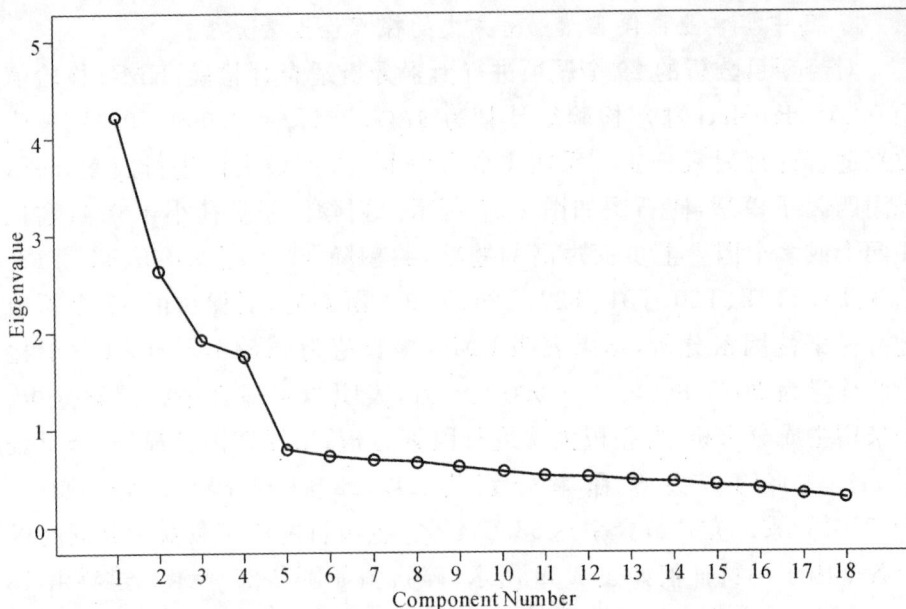

图 2-28　高中生学业错误实然应对方式问卷项目剔除后因素分析碎石图

表 2-39　高中生学业错误实然应对方式问卷的探索性因素分析结果

序号	项目	F1	F2	F3	F4	共同度
1	T24	0.804	−0.026	−0.009	−0.079	0.654
2	T19	0.797	−0.025	−0.042	0.067	0.641
3	T28	0.742	−0.038	0.111	0.035	0.566
4	T17	0.735	−0.066	−0.032	0.030	0.547
5	T26	0.714	−0.064	0.026	0.089	0.523
6	T27	0.704	−0.101	0.110	0.129	0.535
7	T14	0.616	−0.096	0.024	0.274	0.465
8	T7	0.040	0.752	0.030	−0.148	0.589
9	T11	−0.153	0.751	0.098	−0.022	0.597
10	T8	−0.011	0.727	0.014	−0.039	0.531
11	T6	−0.112	0.693	0.021	−0.028	0.495
12	T10	−0.080	0.690	0.006	0.104	0.493
13	T2	−0.045	0.061	0.883	0.080	0.793
14	T1	−0.017	0.087	0.846	0.033	0.725
15	T23	0.191	0.001	0.734	−0.079	0.582
16	T3	0.077	−0.008	0.047	0.793	0.637

续表

序号	项目	F1	F2	F3	F4	共同度
17	T15	0.093	−0.102	−0.080	0.757	0.599
18	T4	0.133	0.017	0.058	0.753	0.588
	特征值	4.240	2.631	1.928	1.758	

(三)验证性因素分析

1. 高中生学业错误应然应对方式的验证性因素分析

根据探索性因素分析的结果构建高中生学业错误应然应对方式的结构模型,经验证性因素分析表明(见图 2-29),模型的各项适配指标都达到统计学的要求(见表 2-40),模型的适配情况十分理想。

表 2-40 高中生学业错误应然应对方式验证性因素分析的模型适配指数

CMIN/DF	GFI	AGFI	NFI	RFI	IFI	TLI	CFI	RMSEA
1.796	0.902	0.874	0.913	0.897	0.960	0.952	0.959	0.052

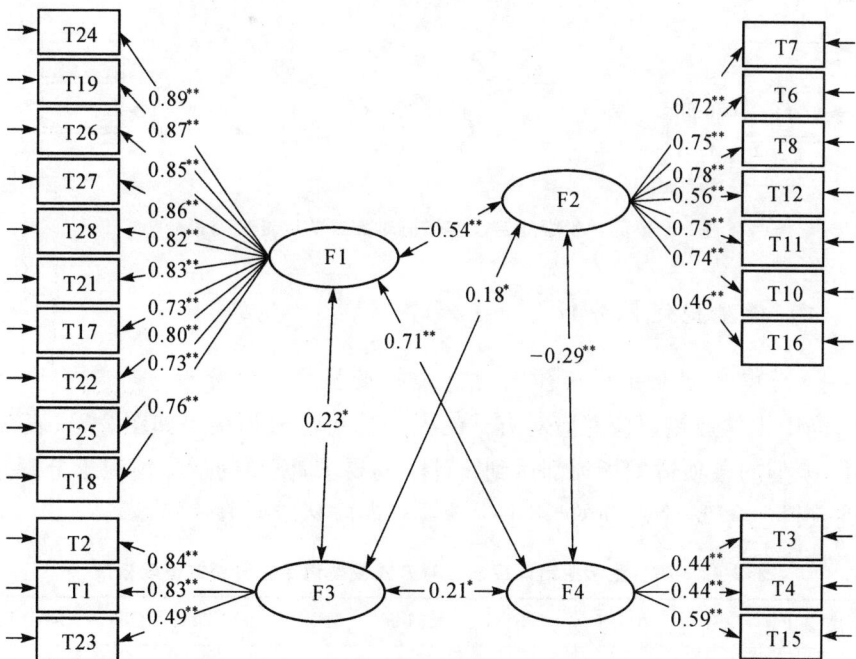

图 2-29 高中生学业错误应然应对方式的验证性因素分析

2. 高中生学业错误实然应对方式的验证性因素分析

根据探索性因素分析的结果构建高中生学业错误实然应对方式的结构模型,经验证性因素分析表明(见图 2-30),模型的各项适配指标都达到统计学的要求(见表 2-41),模型的适配情况十分理想。

表 2-41　高中生学业错误实然应对方式验证性因素分析的模型适配指数

CMIN/DF	GFI	AGFI	NFI	RFI	IFI	TLI	CFI	RMSEA
1.606	0.930	0.905	0.858	0.828	0.941	0.927	0.940	0.045

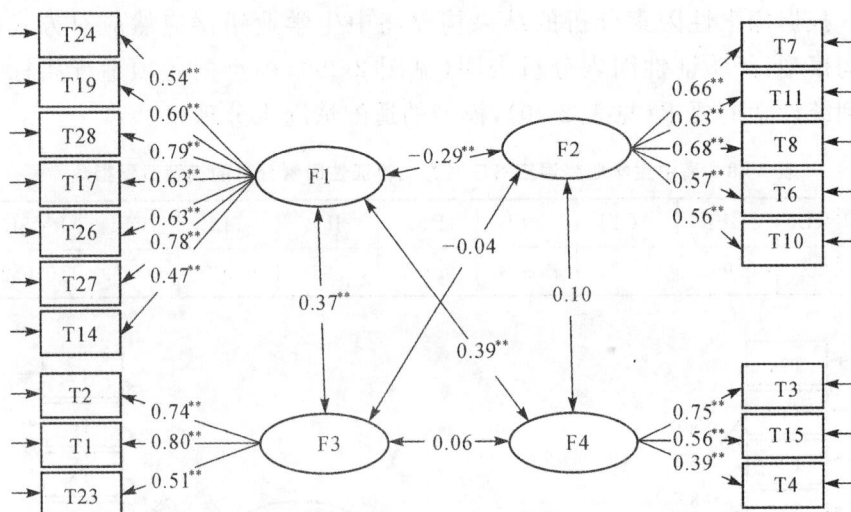

图 2-30　高中生学业错误实然应对方式的验证性因素分析

(四)模型稳定性分析

1. 高中生学业错误应然应对方式的模型稳定性分析

高中生学业错误应然应对方式的模型稳定性分析结果如图 2-31、表2-42所示,模型的各项适配指标都达到统计学的要求,模型的适配情况十分理想。最终获得包含 23 个题项的《高中生学业错误应然应对方式问卷》。

表 2-42　高中生学业错误应然应对方式模型稳定性分析的适配指数

CMIN/DF	GFI	AGFI	NFI	RFI	IFI	TLI	CFI	RMSEA
1.665	0.927	0.905	0.938	0.926	0.974	0.969	0.974	0.042

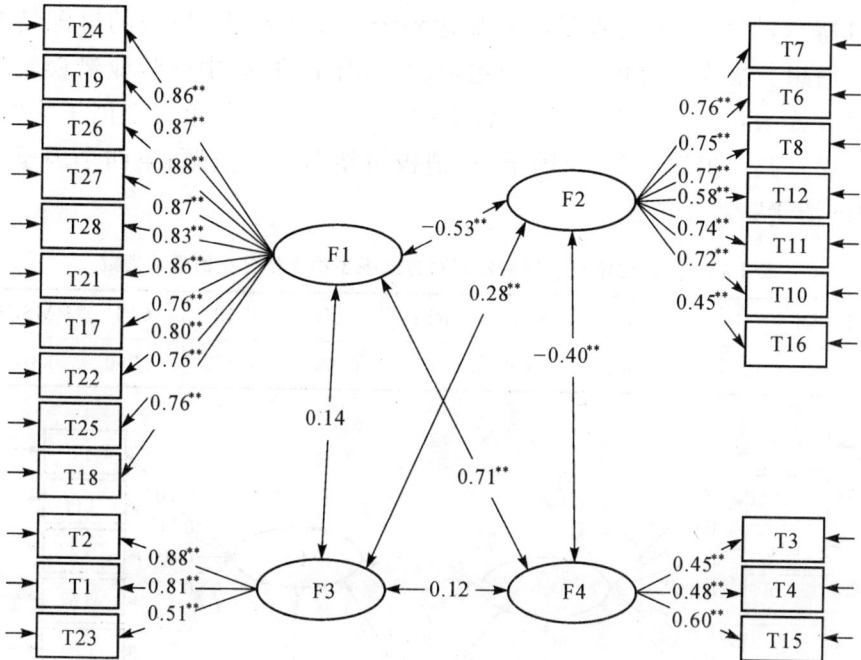

图 2-31　高中生学业错误应然应对方式的模型稳定性分析

最终获得的《高中生学业错误应然应对方式问卷》包含 4 个因子,第一个因子为"解决问题",由 10 道题组成,主要测量个体在出现学业错误之后有目的、有意识地采取各种行为来解决或学会解决学业中的错误;高分者能采取多种积极行为来应对学业中的错误,而低分者则漠视错误,不采取任何补救措施。第二个因子为"逃避错误",由 7 道题组成,主要测量个体在面对学业错误时采用消极行为来躲避错误;高分者对错误采取逃避行为,低分者能够面对学业错误,对错误有正确的认识。第三个因子为"消极情绪",由 3 道题组成,主要测量个体在出现学业错误之后的一种悲观或消极的情绪;高分者容易在出现学业错误之后产生悲伤、焦虑等负性情绪,而低分者则较少产生消极情绪。第四个因子为"积极情绪",由 3 道题组成,主要测量个体积极面对并积极对待错误的一种情绪状态;高分者能理性地看待错误并产生超越错误的积极情绪状态,而低分者则不能。

2. 高中生学业错误实然应对方式的模型稳定性分析

高中生学业错误实然应对方式的模型稳定性分析结果如图 2-32、表

2-43 所示,模型的各项适配指标都达到统计学的要求,模型的适配情况十分理想。最终获得包含 18 个题项、4 个因子的《高中生学业错误实然应对方式问卷》:第一个因子为"解决问题",共 7 道题;第二个因子为"逃避错误",共 5 道题;第三个因子为"消极情绪",共 3 道题;第四个因子为"积极情绪",共 3 道题。

表 2-43　高中生学业错误实然应对方式模型稳定性分析的适配指数

CMIN/DF	GFI	AGFI	NFI	RFI	IFI	TLI	CFI	RMSEA
1.706	0.923	0.902	0.909	0.894	0.960	0.953	0.960	0.043

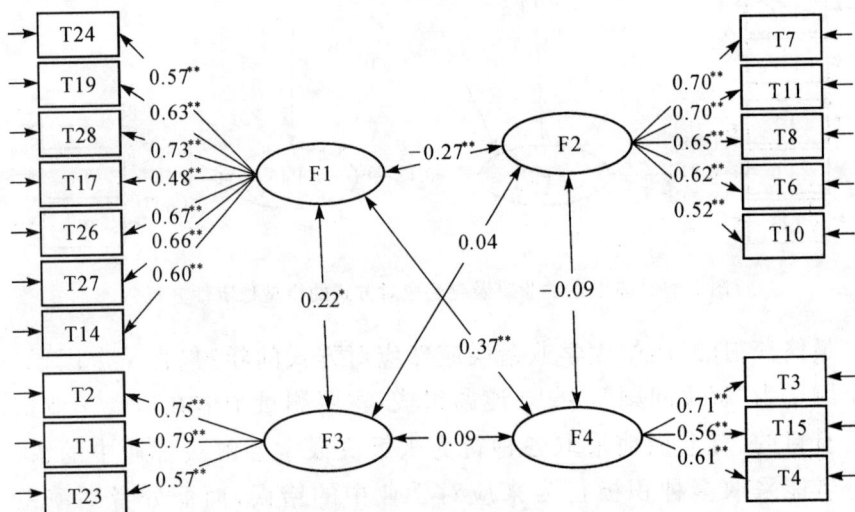

图 2-32　高中生学业错误实然应对方式的模型稳定性分析

(五)信效度检验

1. 同质性信度

以 Cronbach α 系数为指标分别计算高中生学业错误应然应对方式问卷与实然应对方式问卷及其各因子的同质性信度,结果发现(见表 2-44),α 系数在 0.688~0.952 之间,说明两问卷及其各因子均具有较好的内部一致性。

表 2-44　高中生学业错误应然应对方式与实然应对方式各因子的 α 系数($n=387$)

	因子一 解决问题	因子二 逃避错误	因子三 消极情绪	因子四 积极情绪	总问卷
应然应对方式	0.952	0.876	0.784	0.688	0.839
实然应对方式	0.860	0.771	0.769	0.692	0.697

2. 构念效度

高中生学业错误应然应对方式问卷与实然应对方式问卷的聚合效度与区分效度如表 2-45、表 2-46 所示。从表中可以看出,两问卷各因子之间的相关较低,而因子与总分之间的相关较高,说明两问卷的构想效度均较为理想。

表 2-45　高中生学业错误应然应对方式问卷的聚合效度与区分效度

应然应对方式	总分	因子一	因子二	因子三
因子一 解决问题	0.832			
因子二 逃避错误	0.565	−0.344		
因子三 消极情绪	0.394	0.139	0.128	
因子四 积极情绪	0.583	0.512	−0.172	0.072

表 2-46　高中生学业错误实然应对方式问卷的聚合效度与区分效度

实然应对方式	总分	因子一	因子二	因子三
因子一 解决问题	0.704			
因子二 逃避错误	0.404	−0.166		
因子三 消极情绪	0.459	0.088	0.108	
因子四 积极情绪	0.457	0.231	−0.082	0.036

第五节　中学生学业错误观与学业错误应对方式的关系

一、研究假设

假设 1：中学生的学业错误应然观是影响其学业错误实然观的重要

因素。

假设 2：中学生学业错误观对其学业错误应对方式具有预测作用。

二、研究方法

（一）被试

选取浙江省某市城市、城郊、农村的初中各一所，并按整体取样的方法得到 12 个班的 623 名被试。发放问卷 623 份，回收问卷 623 份。结合测谎题与对作答结果的初步分析，剔除无效问卷，最终得到有效问卷 453 份，有效率为 72.71%。其中初一学生 153 人，初二学生 153 人，初三学生 147 人；男生 232 人，女生 221 人。

另选取浙江省某市两所高中的高一、高二年级学生为研究对象，共发放调查问卷 500 份，回收问卷 451 份，其中有效问卷 386 份，有效率为 77.20%。其中高一学生 233 人，高二学生 153 人；男生 161 人，女生 225 人。

（二）研究工具

1. 中学生学业错误观问卷

该问卷包含中学生学业错误应然观和中学生学业错误实然观两个分问卷。

《中学生学业错误应然观分问卷》由 23 个题项 6 个因子构成，分别是：错误价值认知（5 题）、自身观点确信度（4 题）、对错误的归因（4 题）、外在评价遵从度（4 题）、错误情感体验（3 题）和错误容忍度（3 题）。量表采用 4 级评分，"1"表示"完全不符合"，"2"表示"基本不符合"，"3"表示"基本符合"，"4"表示"完全符合"。初中生的累计方差解释率达 57.322%，高中生的累计方差解释率达 65.477%；验证性因素分析和模型稳定性分析均表明模型适配良好；各因子的同质性信度为 0.702～0.887，具有良好的构念效度。

《中学生学业错误实然观分问卷》也由 23 个题项 6 个因子构成，分别是：错误价值认知（4 题）、自身观点确信度（4 题）、对错误的归因（4 题）、外在评价遵从度（5 题）、错误情感体验（3 题）和错误容忍度（3 题）。量表采用 4 级评分,"1"表示"完全不符合","2"表示"基本不符合","3"表示"基本符合","4"表示"完全符合"。初中生的累计方差解释率达56.505％,高中生的累计方差解释率达 62.050％;验证性因素分析和模型稳定性分析均表明模型适配良好;各因子的同质性信度为 0.644～0.835,具有良好的构念效度。

2. 初中生学业错误应对方式问卷

该问卷包含初中生学业错误应然应对方式和初中生学业错误实然应对方式两个分量表。

《初中生学业错误应然应对方式分问卷》由 21 个题项 4 个因子构成,分别是:解决问题(8 题)、逃避错误(7 题)、消极情绪(3 题)和积极情绪(3 题)。量表采用 4 级评分,"1"表示"从不如此","2"表示"偶尔如此","3"表示"经常如此","4"表示"总是如此"。累计方差解释率达55.382％;验证性因素分析和模型稳定性分析均表明模型适配良好;各因子的同质性信度为 0.764～0.900,具有良好的构念效度。

《初中生学业错误实然应对方式分问卷》由 18 个题项 3 个因子构成,分别是:解决问题与积极情绪(9 题)、逃避错误(6 题)和消极情绪(3 题)。量表采用 4 级评分,"1"表示"从不如此","2"表示"偶尔如此","3"表示"经常如此","4"表示"总是如此"。初中生的累计方差解释率达46.872％;验证性因素分析和模型稳定性分析均表明模型适配良好;各因子的同质性信度为 0.710～0.890,具有良好的构念效度。

3. 高中生学业错误应对方式问卷

该问卷包含高中生学业错误应然应对方式和高中生学业错误实然应对方式两个分问卷。

《高中生学业错误应然应对方式分问卷》由 23 个题项 4 个因子构成,分别是:解决问题(10 题)、逃避错误(7 题)、消极情绪(3 题)和积极情绪(3 题)。量表采用 4 级评分,"1"表示"从不如此","2"表示"偶尔如此","3"表示"经常如此","4"表示"总是如此"。累计方差解释率达67.267％;验证性因素分析和模型稳定性分析均表明模型适配良好;各因子的同质性信度为 0.688～0.952,具有良好的构念效度。

《高中生学业错误实然应对方式分问卷》由 18 个题项 4 个因子构成,分别是:解决问题(7 题)、逃避错误(5 题)、消极情绪(3 题)和积极情绪

（3题）。量表采用4级评分，"1"表示"从不如此"，"2"表示"偶尔如此"，"3"表示"经常如此"，"4"表示"总是如此"。累计方差解释率达58.654%；验证性因素分析和模型稳定性分析均表明模型适配良好；各因子的同质性信度为0.692～0.860，具有良好的构念效度。

（三）研究过程

以被试所在班级为单位，由受过培训的高年级本科生和研究生担任主试，通过统一的指导语集体施测。所有数据均采用 SPSS V17.0 和 Amos V17.0进行统计分析。

三、研究结果

（一）学业错误应然观的性别与年级差异

1. 初中生学业错误应然观的性别与年级差异

初中生学业错误应然观的性别与年级分布如表2-47所示。对初中生学业错误应然观的各因子进行2（性别）×3（年级）方差分析，结果如表2-48所示。从表中可以看出，在"错误价值认知"因子上，年级差异非常显著，经多重比较表明，初三学生的得分显著高于初一、初二学生；在"对错误的归因"因子上，性别差异与年级差异均非常显著，女生的得分显著高于男生，经多重比较表明，初一、初二学生的得分显著高于初三学生；在"错误容忍度"因子上，年级差异非常显著，经多重比较表明，初二学生的得分显著高于初三学生，性别与年级的交互作用也非常显著（见图2-33），进一步的简单效应检验表明，对于男生而言，年级差异不显著（$F_{(2,229)}=0.975, p=0.379>0.05$）；对于女生而言，年级差异非常显著（$F_{(2,218)}=10.290, p=0.000<0.01$），且初二学生的得分显著高于初一、初三学生，而初一、初三学生之间的差异不显著（$p>0.05$）；在"自身观点确信度"因子上，年级差异非常显著，初二学生的得分显著高于初一、初三学生；在"外在评价遵从度"因子上，性别差异和年级差异均有统计学意义，男生得分显著高于女生，经多重比较表明，初二学生的得分显著高于初三学生；其余差异均不显著（$p>0.05$）。

表 2-47　初中生学业错误应然观的性别与年级分布（M±SD）

因子	性别		年级		
	男	女	初一	初二	初三
错误价值认知	13.82±3.45	14.09±3.46	12.63±3.07	13.17±2.74	16.14±3.46
错误情感体验	6.34±2.59	6.35±2.26	6.12±2.56	6.21±2.33	6.71±2.36
对错误的归因	13.02±2.71	13.56±2.52	14.07±1.99	13.81±2.31	11.92±2.98
错误容忍度	8.04±2.31	7.96±2.22	8.03±2.38	8.46±1.87	7.49±2.43
自身观点确信度	9.99±3.03	10.20±2.99	9.88±2.93	10.71±2.66	9.68±3.33
外在评价遵从度	9.67±3.03	9.09±2.89	9.40±2.78	9.93±2.77	8.81±3.28

表 2-48　初中生学业错误应然观性别与年级差异的方差分析（F 值）

因子	性别	年级	性别 * 年级
错误价值认知	0.397	54.651**	0.111
错误情感体验	0.000	2.511	0.068
对错误的归因	6.760**	34.282**	0.925
错误容忍度	0.180	6.882**	3.389*
自身观点确信度	0.424	4.999**	0.796
外在评价遵从度	4.694*	5.484**	1.779

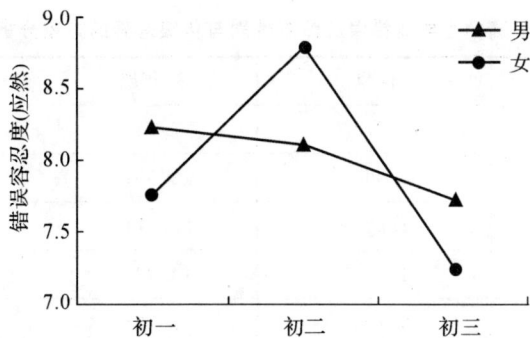

图 2-33　初中生学业错误应然观"错误容忍度"因子的性别与年级交互作用

2. 高中生学业错误应然观的性别与年级差异

高中生学业错误应然观的性别与年级分布如表 2-49 所示。对高中生学业错误应然观各因子进行 2（性别）×2（年级）方差分析，结果如表

2-50所示。从表中可以看出,在"错误价值认知"、"对错误的归因"、"外在评价遵从度"、"错误情感体验"、"错误容忍度"等因子上,年级差异均非常显著,且高一学生均显著高于高二学生;在"错误价值认知"和"外在评价遵从度"因子上,性别差异均非常显著,其中女生的"错误价值认知"得分显著高于男生,而"外在评价遵从度"则明显低于男生。另外,在"错误价值认知"因子上,性别与年级之间的交互作用非常显著(见图 2-34),进一步的简单效应检验表明,对于女生而言,年级差异不显著($F_{(1,363)}=0.297, p=0.586>0.05$),对于男生而言,年级差异非常显著($F_{(1,363)}=19.711, p=0.000<0.01$);其余差异均不显著($p>0.05$)。

表 2-49 高中生学业错误应然观的性别与年级分布(M±SD)

因子	性别		年级	
	男	女	高一	高二
错误价值认知	16.09±2.54	16.88±2.32	16.78±2.28	16.22±2.65
自身观点确信度	9.28±3.44	9.19±3.23	8.98±3.50	9.61±2.97
对错误的归因	11.67±2.41	11.97±2.34	12.29±2.23	11.18±2.43
外在评价遵从度	9.04±3.21	7.97±3.17	8.90±3.35	7.69±2.90
错误情感体验	7.09±2.15	7.28±2.28	7.46±2.22	6.81±2.18
错误容忍度	8.29±2.43	8.30±2.49	8.79±2.36	7.54±2.44

表 2-50 高中生学业错误应然观性别与年级差异的方差分析(F 值)

因子	性别	年级	性别 * 年级
错误价值认知	14.272**	7.150**	13.851**
自身观点确信度	0.004	2.501	1.627
对错误的归因	1.825	22.671**	2.531
外在评价遵从度	11.334**	14.930**	0.087
错误情感体验	0.794	8.305**	0.892
错误容忍度	0.004	25.226**	0.330

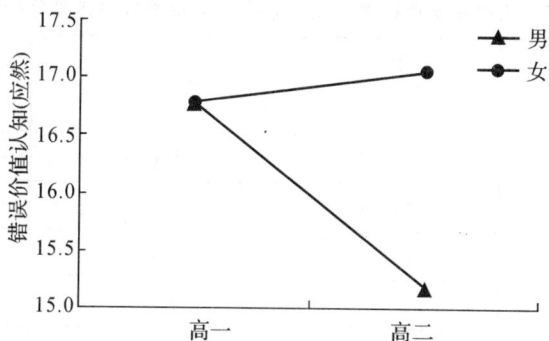

图 2-34 高中生学业错误应然观"错误价值认知"因子的性别与年级交互作用

(二)学业错误实然观的性别与年级差异

1. 初中生学业错误实然观的性别与年级差异

初中生学业错误实然观的性别与年级分布如表 2-51 所示。对初中生学业错误实然观各因子进行 2(性别)×3(年级)方差分析,结果如表2-52所示。从表中可以看出,在"错误价值认知"因子上,年级差异非常显著,经多重比较表明,初三学生的得分显著高于初一、初二学生;在"对错误的归因"因子上,年级差异非常显著,经多重比较表明,初一、初二学生的得分显著高于初三学生;在"错误容忍度"因子上,年级差异非常显著,经多重比较表明,初一、初二学生的得分显著高于初三学生;在"外在评价遵从度"因子上,性别差异和年级差异均非常显著,男生得分显著高于女生,经多重比较表明,初二学生的得分显著高于初一、初三学生;其余差异均不显著($p > 0.05$)。

表 2-51 初中生学业错误实然观的性别与年级分布(M±SD)

因子	性别		年级		
	男	女	初一	初二	初三
错误价值认知	11.07±2.73	11.35±2.57	10.27±2.37	10.73±2.35	12.69±2.61
错误情感体验	6.42±2.53	6.59±2.26	6.32±2.54	6.39±2.27	6.81±2.37
对错误的归因	12.91±2.58	13.26±2.26	13.76±2.11	13.64±2.20	11.79±2.49
错误容忍度	7.83±2.01	7.85±1.92	7.91±2.13	8.22±1.74	7.37±1.93
自身观点确信度	10.39±2.97	10.81±2.80	10.43±2.80	10.78±2.78	10.57±3.10
外在评价遵从度	12.59±3.24	11.74±3.19	12.08±2.93	12.90±3.20	11.52±3.46

表 2-52　初中生学业错误实然观性别与年级差异的方差分析(F 值)

因子	性别	年级	性别 * 年级
错误价值认知	0.894	40.318**	1.215
错误情感体验	0.488	1.858	0.374
对错误的归因	3.538	35.359**	1.136
错误容忍度	0.005	7.282**	1.062
自身观点确信度	2.258	0.568	1.235
外在评价遵从度	8.503**	7.277**	0.518

2. 高中生学业错误实然观的性别与年级差异

高中生学业错误实然观的性别与年级分布如表 2-53 所示。对高中生学业错误实然观各因子进行 2(性别)×2(年级)方差分析,结果如表 2-54 所示。从表中可以看出,高中生在"对错误的归因"、"错误情感体验"、"错误容忍度"和"外在评价遵从度"因子上的年级差异均有统计学意义,且高一学生均显著高于高二学生;在"自身观点确信度"、"对错误的归因"、"外在评价遵从度"和"错误情感体验"因子上的性别差异均非常显著,其中男生在"自身观点确信度"和"外在评价遵从度"上的得分显著高于女生,而在"对错误的归因"和"错误情感体验"上的得分则显著低于女生;在"错误价值认知"因子上性别与年级的交互作用显著(见图 2-35),进一步的简单效应检验表明,对于高一学生而言,性别差异不显著($F_{(1,363)}=0.136$,$p=0.713>0.05$),对于高二学生而言,性别差异显著($F_{(1,363)}=6.415$,$p=0.012<0.05$);其余差异均不显著($p>0.05$)。

表 2-53　高中生学业错误实然观的性别与年级分布($M\pm SD$)

因子	性别		年级	
	男	女	高一	高二
错误价值认知	12.22±2.07	12.53±2.00	12.39±2.05	12.42±2.01
自身观点确信度	9.30±2.96	8.38±2.69	8.49±2.97	9.16±2.59
对错误的归因	11.33±2.42	12.02±2.12	12.11±2.14	11.14±2.36
外在评价遵从度	11.11±3.47	10.16±3.53	10.90±3.55	10.05±3.44
错误情感体验	6.98±2.12	7.64±2.11	7.62±2.13	6.97±2.09
错误容忍度	7.58±2.18	7.71±2.01	7.92±2.07	7.25±2.02

表 2-54　高中生学业错误实然观性别与年级的方差分析(F 值)

因子	性别	年级	性别 * 年级
错误价值认知	3.668	0.020	4.717*
自身观点确信度	7.624**	3.673	2.018
对错误的归因	10.005**	18.671**	3.469
外在评价遵从度	7.469**	5.808*	0.047
错误情感体验	10.049**	9.028**	2.030
错误容忍度	0.218	9.590**	0.072

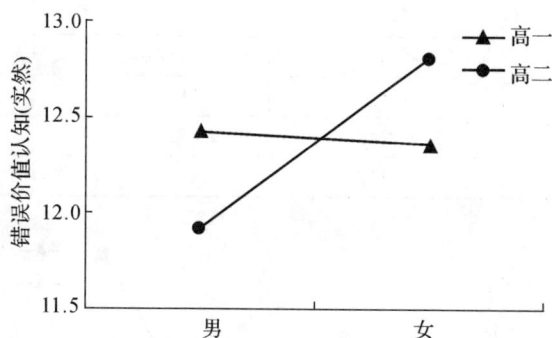

图 2-35　高中生实然观"错误价值认知"因子的性别与年级交互作用

(三)学业错误应然应对方式的性别与年级差异

1. 初中生学业错误应然应对方式的性别与年级差异

初中生学业错误应然应对方式的性别与年级分布如表 2-55 所示。对初中生学业错误应然应对方式的各因子进行 2(性别)×3(年级)方差分析,结果如表 2-56 所示。从表中可以看出,在"解决问题"因子上,年级差异非常显著,经多重比较表明,初三学生的得分显著高于初一、初二学生,性别与年级的交互作用也有统计学意义(见图 2-36);在"逃避错误"因子上,年级差异非常显著,经多重比较表明,初三学生的得分显著低于初一、初二学生,性别与年级的交互作用也非常显著(见图 2-37);在"消极情绪"因子上,性别差异与年级差异均显著,女生的得分显著高于男生,经多重比较表明,初三学生的得分显著低于初一、初二学生;在"积极情绪"因子上,年级差异显著,经多重比较表明,初三学生的得分显著高于初一、初二学生;其余差异均不显著($p > 0.05$)。

表 2-55 初中生学业错误应然应对方式的性别与年级分布(M±SD)

因子	性别		年级		
	男	女	初一	初二	初三
解决问题	15.49±6.30	15.66±7.03	13.24±4.48	13.32±3.88	21.34±8.12
逃避错误	18.80±5.42	19.18±6.04	20.98±4.03	20.86±4.48	14.14±6.12
消极情绪	5.57±1.94	6.07±1.80	5.98±1.84	6.12±1.87	5.24±1.86
积极情绪	8.03±2.01	8.31±1.65	8.03±1.76	8.02±1.64	8.54±2.13

表 2-56 初中生学业错误应然应对方式性别与年级差异的方差分析(F 值)

因子	性别	年级	性别 * 年级
解决问题	0.587	84.804**	4.542*
逃避错误	0.103	79.629**	6.617**
消极情绪	6.246*	7.516*	1.188
积极情绪	2.477	3.401*	1.959

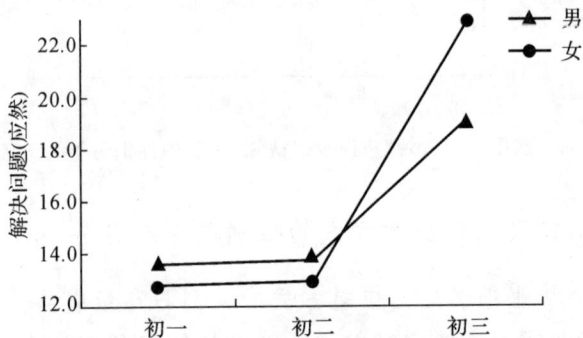

图 2-36 初中生学业错误应然应对方式"解决问题"因子的性别与年级交互作用

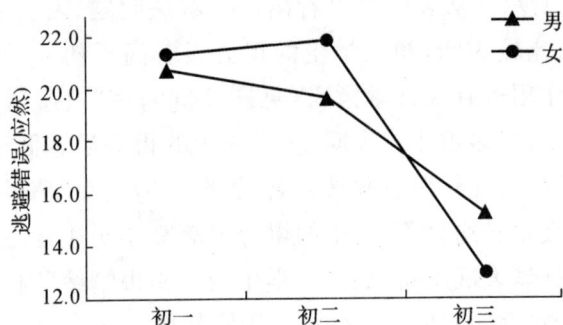

图 2-37 初中生学业错误应然应对方式"逃避错误"因子的性别与年级交互作用

2. 高中生学业错误应然应对方式的性别与年级差异

高中生学业错误应然应对方式的性别与年级分布如表 2-57 所示。对高中生学业错误应然应对方式各因子进行 2(性别)×2(年级)方差分析,结果如表 2-58 所示。从表中可以看出,在"解决问题"因子上的性别差异显著,女生的得分显著高于男生;在"逃避错误"因子上的性别差异也非常显著,男生的得分显著高于女生;在"消极情绪"因子上的性别差异与年级差异均非常显著,女生的得分显著高于男生,高一学生的得分显著高于高二学生;在"积极情绪"因子上,性别与年级的交互作用显著(见图 2-38)。进一步的简单效应检验表明,对于高一学生而言,性别差异不显著 $(F_{(1,379)}=0.126, p=0.379>0.05)$;对于高二学生而言,性别差异非常显著 $(F_{(1,379)}=7.507, p=0.006<0.01)$;其余差异均不显著$(p>0.05)$。

表 2-57 高中生学业错误应然应对方式的性别与年级分布(M±SD)

因子	性别		年级	
	男	女	高一	高二
解决问题	27.77±8.25	29.91±8.79	29.45±8.76	28.35±8.39
逃避错误	13.47±5.25	11.16±4.15	12.20±5.06	12.01±4.32
消极情绪	7.23±2.05	7.82±2.06	7.82±2.13	7.20±1.94
积极情绪	8.66±2.21	8.99±2.13	8.85±2.13	8.86±2.23

表 2-58 高中生学业错误应然应对方式性别与年级差异的方差分析(F 值)

因子	性别	年级	性别 * 年级
解决问题	5.411*	1.225	0.015
逃避错误	21.582**	0.448	0.072
消极情绪	7.193**	7.919**	0.099
积极情绪	3.576	0.065	5.482*

(四)学业错误实然应对方式的性别与年级差异

1. 初中生学业错误实然应对方式的性别与年级差异

初中生学业错误实然应对方式的性别与年级分布如表 2-59 所示。对初中生学业错误实然应对方式各因子进行 2(性别)×3(年级)方差分

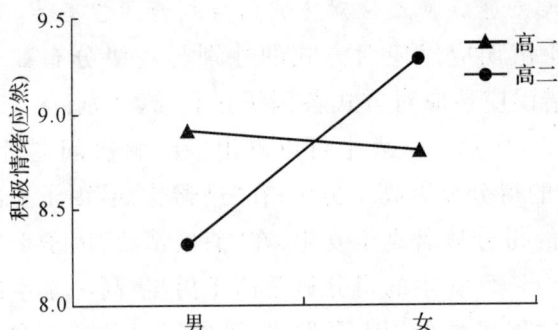

图 2-38　高中生学业错误应然应对方式"积极情绪"因子的性别与年级交互作用

析,结果如表 2-60 所示。从表中可以看出,在"解决问题与积极情绪"因子上,年级差异显著,经多重比较表明,初一学生的得分显著高于初二学生;在"逃避错误"因子上年级差异也非常显著,经多重比较表明,初三学生的得分显著低于初一、初二学生;其余差异均不显著($p>0.05$)。

表 2-59　初中生学业错误实然应对方式的性别与年级分布(M±SD)

因子	性别		年级		
	男	女	初一	初二	初三
解决问题与积极情绪	20.06±4.45	20.15±3.76	20.76±3.57	19.54±3.35	19.97±5.34
逃避错误	14.63±4.34	14.28±3.85	15.53±4.19	14.67±3.75	12.83±3.91
消极情绪	7.32±1.97	7.31±1.72	7.44±1.70	7.20±1.64	7.32±2.24

表 2-60　初中生学业错误实然应对方式性别与年级差异的方差分析(F 值)

因子	性别	年级	性别 * 年级
解决问题与积极情绪	0.028	3.489*	1.888
逃避错误	0.998	15.035**	1.286
消极情绪	0.014	0.641	0.838

2. 高中生学业错误实然应对方式的性别与年级差异

高中生学业错误实然观的性别与年级分布如表 2-61 所示。对高中生学业错误实然观各因子进行 2(性别)×2(年级)方差分析,结果如表 2-62所示。从表中可以看出,高中生在"消极情绪"因子上的性别差异非常显著,且女生的得分均显著高于男生;在"解决问题"因子上的年级差异非常显著,且高二学生的得分显著高于高一学生;在"逃避错误"和"消极情绪"因子上的年级差异也均有统计学意义,且高一学生的得分显著高于高二学生;在"积极情绪"因子上性别与年级的交互作用显著(见图2-39)。进一步的简单效应检验表明,对于男生而言,年级差异不显著($F_{(1,379)}=0.236,p=0.627>0.05$),对于女生而言,年级差异非常显著($F_{(1,379)}=7.573,p=0.006<0.01$);其余差异均不显著($p>0.05$)。

表 2-61　高中生学业错误实然应对方式的性别与年级分布(M±SD)

因子	性别		年级	
	男	女	高一	高二
解决问题	13.92±4.59	13.47±3.79	13.08±3.88	14.57±4.38
逃避错误	10.88±3.15	10.78±3.08	11.13±3.27	10.36±2.79
消极情绪	7.23±2.05	7.82±2.06	7.82±2.13	7.20±1.94
积极情绪	7.94±2.03	7.87±2.10	7.75±2.07	8.13±2.05

表 2-62　高中生学业错误实然应对方式性别与年级的方差分析(*F* 值)

因子	性别	年级	性别 * 年级
解决问题	0.441	10.587**	0.982
逃避错误	0.173	5.666*	0.010
消极情绪	7.193**	7.919**	0.099
积极情绪	0.027	2.043	4.688*

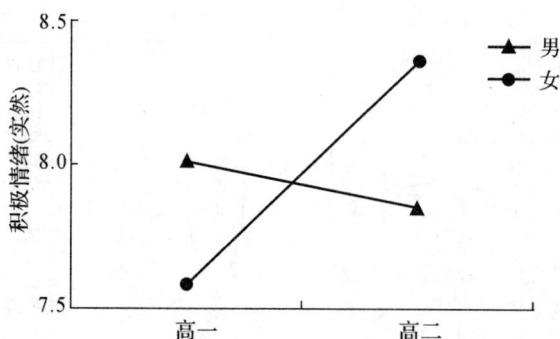

图 2-39　高中生学业错误实然应对方式"积极情绪"因子的年级与性别交互作用

(五)中学生学业错误应然观与实然观之间的关系

为了分析初中生和高中生学业错误应然观与实然观之间的关系,分别构建如图 2-40、图 2-41 所示的路径模型。经 Amos 分析表明,两个模型的 CMIN/DF 均小于 2;GFI 与 AGFI 均大于 0.9;NFI、RFI、IFI、TLI、CFI 也均大于 0.9;RMSEA 均小于 0.05(如表 2-63 所示),说明模型均适配得较好;初中生的学业错误应然观对实然观的路径系数为 0.83($p<$ 0.001),高中生为 0.76($p<$0.001)。

表 2-63 学业错误应然观与实然观关系模型的适配指数

模型	CMIN/DF	GFI	AGFI	NFI	RFI	IFI	TLI	CFI	RMSEA
初中生	1.628	0.980	0.956	0.983	0.968	0.993	0.988	0.993	0.037
高中生	1.476	0.975	0.936	0.975	0.947	0.992	0.982	0.992	0.040

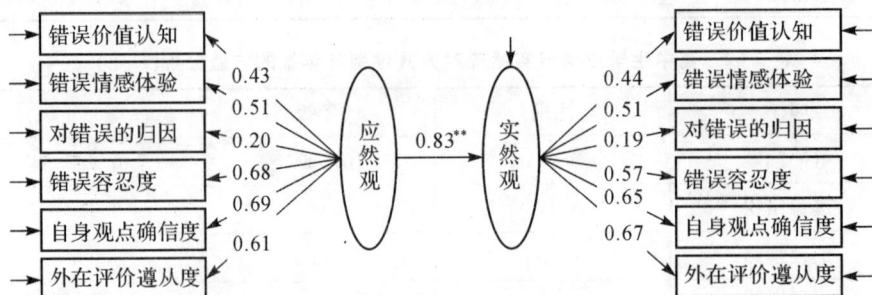

图 2-40 初中生学业错误应然观与实然观的关系模型

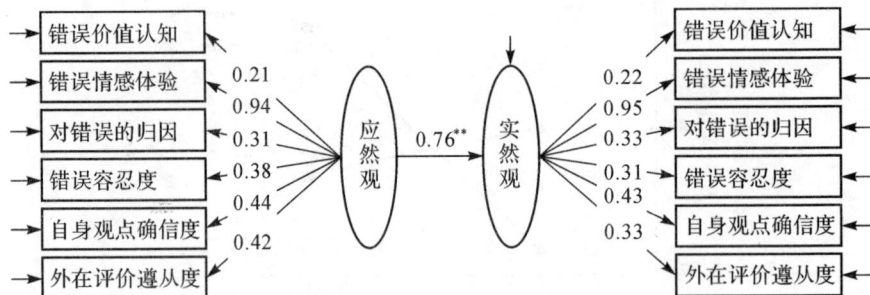

图 2-41 高中生学业错误应然观与实然观的关系模型

（六）中学生学业错误观与学业错误应对方式之间的关系

为了分析初中生和高中生学业错误观与学业错误应对方式之间的关系，分别构建如图 2-42、图 2-43 所示的路径模型。经 Amos 分析表明，两个模型的 CMIN/DF 均小于 2；初中生模型的 GFI 大于 0.8，AGFI 接近 0.8，高中生模型的 GFI 与 AGFI 均大于 0.9；两个模型的 NFI、RFI、IFI、TLI、CFI 也均接近 1.0；初中生模型的 RMSEA 小于 0.08，高中生模型的 RMSEA 小于 0.05（如表 2-64 所示），说明两个模型均适配得较好。

表 2-64　中学生学业错误观与学业错误应对方式关系模型的适配指数

模型	CMIN/DF	GFI	AGFI	NFI	RFI	IFI	TLI	CFI	RMSEA
初中生	1.915	0.877	0.780	0.896	0.832	0.947	0.912	0.945	0.078
高中生	1.918	0.948	0.904	0.946	0.911	0.974	0.955	0.973	0.049

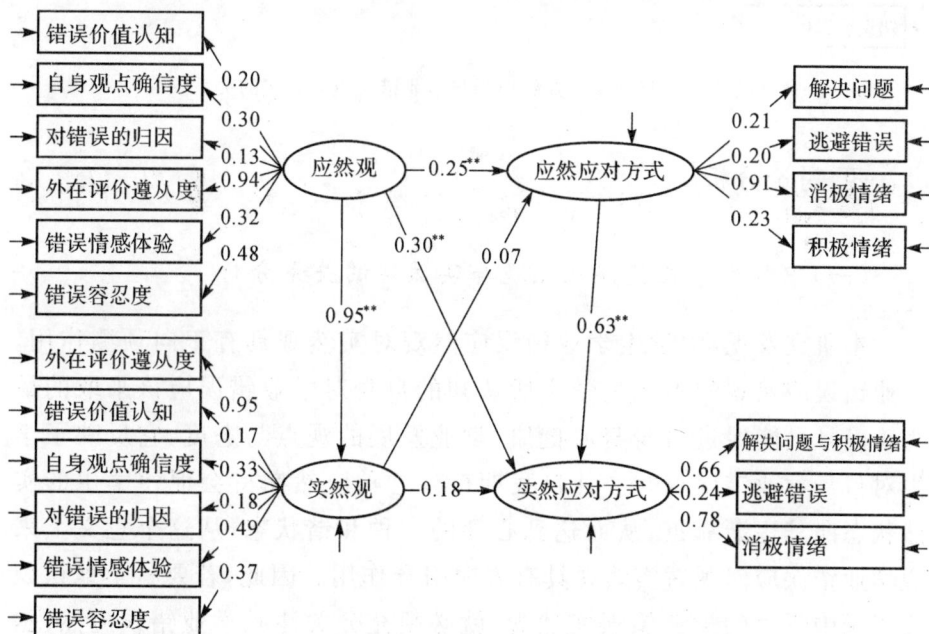

图 2-42　初中生学业错误观与学业错误应对方式的关系

错误价值认知
自身观点确信度　0.38
对错误的归因　0.45
外在评价遵从度　0.23
　0.29
错误情感体验　0.36
错误容忍度　0.95

应然观 ── 0.35** ── 应然应对方式

0.92
解决问题
0.12
逃避错误
0.80
消极情绪
0.25
积极情绪

0.03　0.09

0.82**

0.56**

外在评价遵从度
错误价值认知　0.41
自身观点确信度　0.31
对错误的归因　0.37
　0.27
错误情感体验　0.31
错误容忍度　0.95

实然观 ── 0.74** ── 实然应对方式

0.23
解决问题
0.29
逃避错误
0.36
消极情绪
0.56
积极情绪

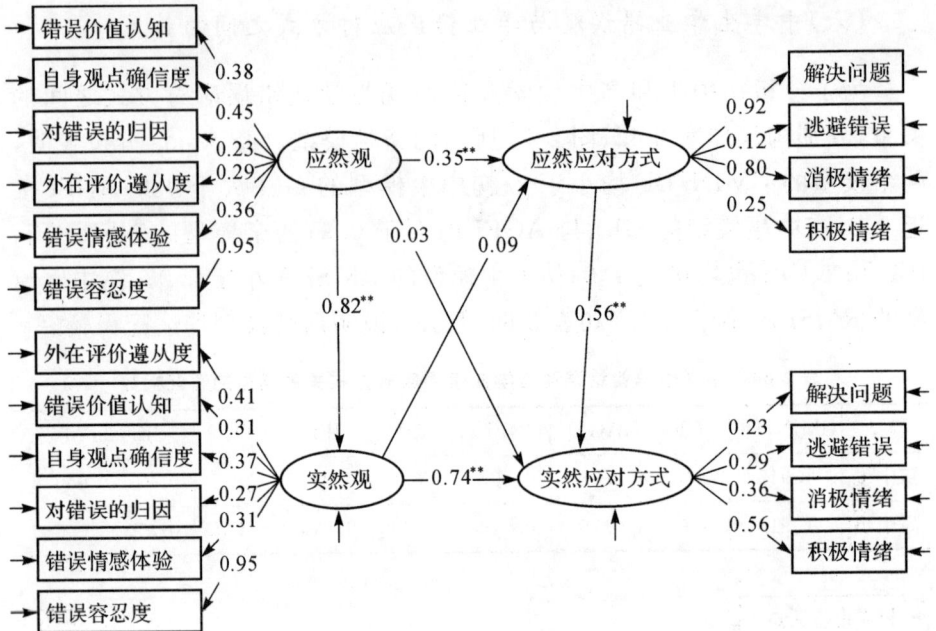

图 2-43　高中生学业错误观与学业错误应对方式的关系

四、讨论分析

(一)中学生学业错误应然观与实然观的关系分析

本研究发现,中学生学业错误应然观对实然观具有正向预测作用。学业错误应然观的本质是学生所认知的自身对学业错误应该采取的最为正确且最能促进自身身心健康、学业发展的观点与态度,它反映了学生对自身学业错误观的一种自我期待。这种应然期待会促使学生的实然状态向其逐渐靠近,从而达到心理的一种和谐状态,从这个意义上来说学业错误应然观对实然观具有方向引导作用。因此,若要科学地认识或干预中学生的学业错误实然观,就必须充分关注其学业错误应然观,通过建立积极、健康、正向的学业错误应然观来促进改善其学业错误实然观。但学业错误应然观毕竟不等于实然观,因此有必要把学业错误应然观与实然观分开,以免以"应该如何"取代"事实如何",造成价值的越位。同时,区分学业错误的应然观与实然观,也有利于教师更有针对性地开展教学工作,帮助学生超越错误。

(二)中学生学业错误观与学业错误应对方式的关系分析

研究表明,学业错误应对方式来源于对学业错误的观点与采取的态度(刘儒德等,2009)。本研究发现,应然观对实然应对方式有着重要的影响。对于高中生而言,应然观对实然应对方式没有直接作用,而是分别通过实然观和应然应对方式间接影响实然应对方式,实然观和应然应对方式在其中起着重要的中介作用,其中介效应分别为 0.61(0.82 * 0.74)和 0.20(0.35 * 0.56),预示着实然观的中介效应远大于应然应对方式的中介效应。而对于初中生而言,应然观对实然应对方式的直接效应为 0.30,远高于其通过应然应对方式的间接效应 0.16(0.25 * 0.63)。因此,中学生认识到自己的错误是有价值的,产生对错误的情感体验,对错误进行合理归因,并在一定程度上遵从他人的意见,表明其学业错误应对方式发展趋于成熟,能够采用积极的方式应对学业错误。这样的学生在遇到错误的时候通常会产生积极情绪,尝试采取一定的策略解决问题,较少逃避错误。其原因在于这部分学生能够认识到错误的价值,他们面对错误的时候也会产生消极的不良情绪,但正是这种不良情绪使他们更能够积极主动地面对问题,认真地研究问题,从错误中寻找经验。因此,如果能帮助中学生认识到学业错误对学习的价值,积极引导学生形成积极的学业错误观,形成对待错误的正确态度,掌握"整合错误为己所用"的方法,重视培养学生面对学业错误时的正确观念和应对方式,积极思考改善学生学业错误观的相关策略,同时也帮助教师更好地了解学生,能够更艺术、有效地处理学生学习中的错误,这对促进学生身心健康发展与学业成绩的提高有着重要的意义。

本研究也发现,相对于高中生而言,初中生的实然观对其实然应对方式的直接效应虽然达到 0.18,但却未达显著水平,这可能是由于样本取样的偏颇性造成的,有待于以后进一步研究。

五、结论

1. 中学生学业错误应然观对其学业错误实然观具有正向预测作用。

2. 初中生学业错误应然观对学业错误实然应对方式有着直接影响,

且通过学业错误应然应对方式间接影响其实然应对方式。

3. 高中生学业错误应然观通过其实然观和应然应对方式间接影响实然应对方式。

第六节　小　结

一、中学生学业错误观问卷与学业错误应对方式问卷的结构特征

从表 2-3 和表 2-15 可以看出,初中生和高中生的学业错误应然观中各因子的特征值排序虽有所不同,但总体结构一致,均包括"错误价值认知"、"自身观点确信度"、"对错误的归因"、"外在评价遵从度"、"错误情感体验"和"错误容忍度"等 6 个因子,也均通过了验证性因素分析和模型稳定性分析。故此可以合并为"中学生学业错误应然观问卷"。同理,初中生和高中生的学业错误实然观也可以合并为"中学生学业错误实然观问卷",也包含"错误价值认知"、"自身观点确信度"、"对错误的归因"、"外在评价遵从度"、"错误情感体验"和"错误容忍度"等 6 个因子。参照父母教养方式评价量表(EMBU)的格式,可以把应然观问卷和实然观问卷组合在一起,构成《中学生学业错误观问卷》(见附录一)。

中学生学业错误观的本质是学生对学业过程中出现的错误的根本看法与态度,其背后隐藏着源于学习与经验的成功或失败体验并逐渐转化为对学业错误的根本看法与态度的某种稳定的人格特征。尽管刘儒德等(2009)对初中生错误观的结构进行过分析,但其没有区分出错误观的应然状态与实然状态,具有一定的局限性。在接受刘儒德等人对错误观结构合理分析的基础上,笔者参照相关的挫折教育理论,并汲取了休谟关于事物具有应然与实然两种状态的思想。在具体的内容上,着重从应然、实然的角度来考察中学生在面对学业错误时自身的认知与情绪情感。学业错误应然观的本质即学生所认知的自身对学业错误应该采取的最为正确且最能促进自身身心健康、学业发展的观点与态度,其背后隐藏着源于学习与经验的对学业错误的理性分析及对学业成功的确信。学业错误实然观的本质即学生对自身所认知的学业错误实际上采取的

观点与态度,其背后隐藏着源于对待学业错误的成功或失败经验。

在上述理论建构及相关的实际调研的基础上,编制了《中学生学业错误观问卷》。问卷包含学业错误应然观与学业错误实然观两个分问卷,把学业错误应然观与学业错误实然观分开,不仅符合逻辑与经验的现实性,更符合中学生心理发展的一般特征。

研究表明,初中生学业错误的应然应对方式的结构虽然与高中生一致,也都包括"解决问题"、"逃避错误"、"消极情绪"与"积极情绪"等 4 个因子,但所含测题不同,故不能将两者合并为一个问卷。初中生学业错误的实然应对方式的结构则与高中生不一致,初中生学业错误的实然应对方式包括"解决问题与积极情绪"、"逃避错误"与"消极情绪"等 3 个因子,而高中生学业错误的实然应对方式则包括"解决问题"、"逃避错误"、"消极情绪"与"积极情绪"等 4 个因子,两者也无法进行合并。

二、中学生学业错误观问卷与学业错误应对方式问卷的心理测量学特征

在相关错误理论与实践调研的基础上,编制了中学生学业错误观问卷和学业错误应对方式问卷。为保证问卷编制的质量,从以下几个方面进行了努力。首先,在问卷编制之前,先从理论上对中学生学业错误观和学业错误应对方式进行建构,区分了应然与实然两种不同的状态,并以此为基点,分别建构了应然与实然的因子维度。这样不仅使问卷的编制具有较为坚实的理论基础,也使问卷更加符合中学生学业错误观与学业错误应对方式的实际情况。其次,在问卷编制过程中,采取了一系列的措施来提高问卷的信效度:一是收集来自教师、学生访谈的信息材料;二是请教多位教育专家、一线教师对问卷的题项进行反复斟酌,逐个研讨,力求提高问卷的内容效度;三是组织有代表性的中学生试用编制好的问卷初稿,征求修改意见。再次,为防止由于学生答题不认真而造成污染问卷测试结果的现象,在问卷中加入了测谎题,以保证收集的有效问卷的可靠性。最后,在问卷编制之末,严格遵循操作规范,在组织调查对象进行测试之后,对问卷进行了项目分析、探索性因素分析、验证性因素分析、模型稳定性分析,结果如上所述,问卷的信、效度达到了心理测量学的要求,说明了它的可靠性及有效性。

三、结论

在理论分析与实践调研的基础上,初步编制了中学生学业错误观问卷。问卷包括学业错误应然观与学业错误实然观两个分问卷。中学生学业错误应然观问卷包括错误价值认知、错误情感体验、对错误的归因、错误容忍度、自身观点确信度和外在评价遵从度等 6 个因子共 23 个题项;中学生学业错误实然观问卷包括错误价值认知、错误情感体验、对错误的归因、错误容忍度、自身观点确信度和外在评价遵从度等 6 个因子共 23 个题项。经检验,问卷的信效度指标都达到了心理测量学的要求。

编制的初中生与高中生的学业错误应然应对方式问卷均包括"解决问题"、"逃避错误"、"消极情绪"与"积极情绪"等 4 个因子;初中生的学业错误实然应对方式问卷包括"解决问题与积极情绪"、"逃避错误"与"消极情绪"等 3 个因子;高中生的学业错误实然应对方式问卷包括"解决问题"、"逃避错误"、"消极情绪"与"积极情绪"等 4 个因子。经检验,问卷的信效度指标都达到了心理测量学的要求。

第三章　中学生学业错误观影响机制研究

引　言

　　经过 30 多年的改革开放,我国经济社会的各个方面都取得了长足的进步,但许多深层次的问题与矛盾也逐渐显露出来。特别是在教育领域,虽然新一轮的课程改革已持续十几年,学校和家长一味追求分数和升学率的局面并未得到根本扭转,"中考状元"、"高考状元"的宣传还是甚嚣尘上,屡禁不止。面对中考和高考,正处于社会化关键时期的中学生承受着巨大的学业压力,学业错误也被当成洪水猛兽而深恶痛绝、不可原谅。但在学习过程中错误是普遍存在且不可避免的,Brown(2000)认为,人类的学习基本上就是包含着一连串错误的过程。梳理以往关于错误的相关研究并对人们遇到错误时的表现进行分析,我们发现,面对错误时,人们会表现出两种截然不同的反应:一种视错误为洪水猛兽,在学习、生活中一旦出现错误,其成功的需要不能得到满足便心灰意冷,甚至逃避错误;另一种在出现错误之后却能直面错误,以错误为激励源,及时从错误中学习,将学业错误转化为学业进步的契机,努力奋进,战胜错误。Thorndike(1931,1998)提出"尝试与错误说",认为学习是一种不断尝试错误的过程,尝试和错误是学习的基本形式。在重复的尝试中,错误的反应逐渐被摒除,正确的反应则不断得到加强,直至最终形成固定的刺激—反应联结。Skinner(1968,1989)提出的"无错误辨别"程序教学,使学生把错误率降到最低限度。他认为不应该让学生在出现错误后再去避免错误,无错误的学习能激发学生的学习积极性,增强记忆,提高学习效率。然而,行为主义强调错误的消极意义,认为错误伴随着惩罚,挫伤学习者的学习动机和兴趣,减少有效学习时间,从而降低学习效率(刘儒德等,2009)。Amsel(1957,1958)则看到了错误能使人奋进的一面,并据此提出了"挫折—奋进"理论。Piaget(1959,1991)也极其关注错误,认为错误的产生使学生的认知结构出现冲突与不平衡,促使学生进行自我调节,通过修正或减少错误,顺化自己的知识结构,从而达成新的平衡。Popper 高度重视错误的积极意义,他曾提出一个著名的口号"从错误中学习",认为通过对错误的反思,吸取教训,以科学的态度和精神来对待错误,从而有效地超越错误(波普尔,1968,1972,1987;文援朝,2001)。近年来不少学者对学业错误的态度更为宽容,认为应努力去发现学生错误中的合理成分,甚至反对采用"错误"一词,而主张采用"替代概念"(alternative conception);对于学生的错误,不应采取简单否定的态度,要看到其积极的一面,应努力去理解其性质,探索其规律(郑毓信、梁贯成,2002)。除积极地看待错误之外,在教学过程中把错误案例作为教学资源的观点也得到了很大的发展。Melis(2004)很重视错误案例的教育功能,指出错误案例的正确运用会激发学生的元认知,引起学生的自我解释、反思、探究和批判性思考。刘儒德、江涛和李云芳(2004)通过问卷调查发现,高一学生普遍认识到错题对于学习的影响,从情感上不回避错题,也能进行错题管理,但对错题的价值认识不足,尤其缺乏良好的错题管理的意识和系统的错题管理策略。孙桂珍(2006)也通过调查发现,初中生在思想上能够重视错题,对错题具有积极的管理态度,但在具体管理行为和策略上还比较欠缺。此外,还有不少学者研究了错题管理行为及其对学业成绩的影响(方均斌,2006;王能群,2009)。

"人非圣贤,孰能无过。"错误是难免的,关键是用什么态度来对待错误。显然不同的错误观会产生不同的应对方式。黄希庭、余华、郑涌、杨家忠和王卫红(2000)研究发现,我国中学生对挫折和烦恼的应对方式主要是问题解决、求助、退避、发泄、幻想和忍耐。施承孙、董燕、侯玉波、侯桂芝和周晓梅(2002)研究发现,人们对错误的应对方式主要有四种类型:针对问题积极应付、否认与心理解脱、情感求助与宣泄、回避问题转移注意。在应对方式研究中,最有代表性的是 Folkman 等的研究,他们根据应对的功能维度,把应对方式分为问题指向(problem-focused coping)和情绪指向(emotion-focused coping)(Folkman, Lazarus, Gruen & DeLongis, 1986),前者着眼于问题解决,后者着眼于减轻情绪上的焦虑和紧张。

近年来,受到人类发展生态学模型和发展情境论等发展系统论的影响,对青少年心理的研究越来越多地强调家庭、学校等相关发展背景对个体发展的重要作用。Baumrind(1971)将父母教养方式划分为专制型(authoritarian)、权威型(authoritative)和放任型(permissive)三种类型。一般而言,那些来自权威型家庭的青少年在心理社会发展的各项指标如自立、自尊、个人能力等,问题行为如滥用药物、过失行为、反社会行为等,心理压力如焦虑、抑郁等和学业成绩等方面均表现为适应最好,而来自放任型家庭的儿童适应最差(Dornbusch, Ritter, Leiderman, Roberts & Fraleigh, 1987)。不过,与西方的研究结果不同的是,对于中国青少年的研究得出了这样的结论,即存在于中国社会中的专制型教养方式并没有产生像西方文化背景下的那种显著的消极影响(孟育群,1994)。戴斌荣(1994)研究发现,民主型的教养方式有利于子女取得学业的成功,而专制型和放任型的教养方式不利于子女取得学业的成功。方平、熊端琴和郭春彦(2003)的研究表明,父母教养方式通过个体成就动机和自我概念影响学业成就。研究发现,父母教养方式(父母教养行为)对个体人格特质和价值取向具有重要的影响(钱铭怡、夏国华,1996;王蕾,2000;许丽伟,2006),良好的父母教养方式对儿童责任心的培养有积极作用(刘闯、杨丽珠,2007;张立、毛晋平、张素娴,2009)。刘莹(2009)对父母教养方式、亲子沟通与中学生失败恐惧之间的关系进行了研究,认为父母教养方式对中学生的失败恐惧产生影响,父母教养权威性对失败恐惧具有显著的预测作用。王美萍(2001)研究了父母教养方式与青少年的行为自主期望之间的关系,认为父母教养方式与青少年的行为自主期望有显著影响。综合对父母教养方式与青少年心理发展的相关研究,笔者认为家庭是青少年活动的重要场所之一,家庭中父母的教养方式对青少年学业错误观的形成具有影响。据此,假设家庭中父母教养方式是初中生学业错误观的重要影响源之一。

对于学生来说,除家庭之外,另外一个重要活动场所就是学校。在学校里,教师对学生的影响是毋庸置疑的。研究表明,学校里的师生关系与这种影响的大小有直接相关。Birch 和 Ladd(1998)研究发现,师生关系与学业成就呈正相关,亲密型师生关系为学生提供支持作用,促进学生学习;冲突型师生关系使学生产生孤独感,对学校持消极态度,从而影响学业行为及个体的学校适应。此外,中学生主观地认为与科任教师的关系对该学科的学习有重要影响,学生喜欢的教师与对该教师所教课程的喜欢程度的相关度达 95%以上,学生不满意的教师与对该教师所教课程的不喜欢程度的相关度也达 80%(时蓉华,1993)。刘万伦、沃建中(2005)研究发现,中小学生学校适应性与师生关系之间存在显著正相关,师生关系是影响学生适应性的重要因素。有研究发现,师生关系影响学生自我概念、自尊与心理健康的发展(林崇德、王耘、姚计海,2001;魏运华,1998;李彩娜、邹泓、杨晓莉,2005)。还有研究指出,师生关系不同的学生在责任心、好胜心、自信心、学习热情、学习兴趣、学习毅力及学业成绩方面都存在着显著的差异(阴山燕、张大均、余林,2008)。据此可以假设师生关系是初中生学业错误观的另一个重要影响源。

学业错误观是对学习过程中出现错误的根本看法与态度。建构主义认为,学习者的一切行为都受自己建构起来的"理论"的影响,学习者自身对学业错误的看法与态度对其认知、情感过程及学习行为产生重要影响(刘儒德,2005)。刘儒德等(2009)研究发现,初中生错误观中的价值认可度通过错误应对方式的中介作用来影响学业成绩。Keith 和 Frese(2005)研究发现,人们面对错误时,积极的认知策略和情绪应对方式会对学生学习成绩有明显的预测作用。Petkova(2009)认为,错误管理培训有利于企业家积极改正错误并作出正确决策。有感于错误观会对学生的学习产生影响,有学者认为教师应以理性批判的态度来对待教学认识过程中学生出现的错误,以帮助学生认识到"错误仅仅是一个过程,一个从学习到最终成功的过程"(石中英,2006)。学习自我效能感是自我效能感在学业领域中的表现(赵琨,2010)。在众多影响学生学业发展的因素中,学习自我效能感不仅影响个体的学业选择、学习的努力程度,还会影响学生对学业的坚持性,以及面对困难与错误的态度(刘儒德等,2009)。

基于对错误及错误观的理解，为考察中学生学业错误观的影响机制，根据对已有研究的梳理与分析，我们构建了中学生父母教养方式、师生关系、学业错误观、学业错误应对方式、学习自我效能感、学业成绩与心理健康的先验假设模型，如图 3-1 所示。

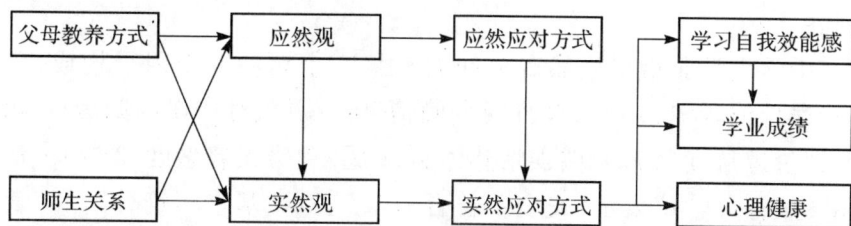

图 3-1　中学生学业错误观影响机制的先验假设模型

第一节　初中生学业错误观影响机制研究

一、研究目的

本研究旨在从应然观和实然观的视角探讨初中生的学业错误观、学业错误应对方式及它们之间的关系，以及父母教养方式和师生关系对学业错误观和学业错误应对方式的影响，对学习自我效能感、学业成绩的影响，为培养初中生正确的学业错误观和学业错误应对方式，倡导积极的父母教养方式，建立良好的师生关系提供心理学依据。

二、研究方法

（一）研究对象

采用方便取样的方法选取浙江省某市城镇与农村的初中各一所，向初一、初二年级学生发放问卷 200 份，回收问卷 200 份；剔除无效问卷，得到有效问卷 152 份，有效率为 76.00%。其中男生 57 人，女学生 95 人；初一学生 81 人，初二学生 71 人；城镇学生 85 人，农村学生 67 人。

(二)研究工具

1. 中学生学业错误观问卷

该问卷包含中学生学业错误应然观和中学生学业错误实然观两个分问卷。

《中学生学业错误应然观分问卷》由 23 个题项 6 个因子构成,分别是:错误价值认知(5 题)、自身观点确信度(4 题)、对错误的归因(4 题)、外在评价遵从度(4 题)、错误情感体验(3 题)和错误容忍度(3 题)。量表采用 4 级评分,"1"表示"完全不符合","2"表示"基本不符合","3"表示"基本符合","4"表示"完全符合"。初中生的累计方差解释率达 57.322%,高中生的累计方差解释率达 65.477%;验证性因素分析和模型稳定性分析均表明模型适配良好;各因子的同质性信度为 0.702～0.887,具有良好的构念效度。

《中学生学业错误实然观分问卷》也由 23 个题项 6 个因子构成,分别是:错误价值认知(4 题)、自身观点确信度(4 题)、对错误的归因(4 题)、外在评价遵从度(5 题)、错误情感体验(3 题)和错误容忍度(3 题)。量表采用 4 级评分,"1"表示"完全不符合","2"表示"基本不符合","3"表示"基本符合","4"表示"完全符合"。初中生的累计方差解释率达 56.505%,高中生的累计方差解释率达 62.050%;验证性因素分析和模型稳定性分析均表明模型适配良好;各因子的同质性信度为 0.644～0.835,具有良好的构念效度。

2. 初中生学业错误应对方式问卷

该问卷包含初中生学业错误应然应对方式和初中生学业错误实然应对方式两个分问卷。

《初中生学业错误应然应对方式分问卷》由 21 个题项 4 个因子构成,分别是:解决问题(8 题)、逃避错误(7 题)、消极情绪(3 题)和积极情绪(3 题)。量表采用 4 级评分,"1"表示"从不如此","2"表示"偶尔如此","3"表示"经常如此","4"表示"总是如此"。累计方差解释率达 55.382%;验证性因素分析和模型稳定性分析均表明模型适配良好;各因子的同质性信度为 0.764～0.900,具有良好的构念效度。

《初中生学业错误实然应对方式分问卷》由 18 个题项 3 个因子构成,

分别是:解决问题与积极情绪(9题)、逃避错误(6题)和消极情绪(3题)。量表采用4级评分,"1"表示"从不如此","2"表示"偶尔如此","3"表示"经常如此","4"表示"总是如此"。初中生的累计方差解释率达46.872%;验证性因素分析和模型稳定性分析均表明模型适配良好;各因子的同质性信度为0.710~0.890,具有良好的构念效度。

3. 父母教养方式评价量表(EMBU)

父母教养方式评价量表(Egna Minnen av Barndosna Uppforstran,EMBU),1980年由瑞典Umea大学精神医学系C. Perris等编制,是用以评价父母教养态度和行为的问卷。EMBU由岳冬梅等于20世纪80年代末引进并修订。修订后的父母教养方式问卷有66个项目11个因子,其中父亲教养方式含58个项目,共6个因子,分别是:情感温暖理解、惩罚严厉、过分干涉、偏爱被试、拒绝否认、过度保护;母亲教养方式含57个项目,共5个因子,分别是:情感温暖理解、过干涉过保护、拒绝否认、惩罚严厉、偏爱被试。因本研究的被试中有许多是独生子女,父母教养方式中的"偏爱被试"因子无法测量,故父亲教养方式保留5个因子,母亲教养方式保留4个因子。量表采用4级评分,从"从不"到"总是"分别计1~4分。各分量表的同质性信度为0.46~0.88,分半信度为0.50~0.91,重测信度为0.63~0.82。

4. 学习自我效能感问卷

采用北京师范大学发展心理所编制的《学习自我效能感问卷》。问卷将学习自我效能感分为学习行为自我效能感和学习能力自我效能感两个独立的维度。问卷共含12个项目,其中第1项与第2项分别由2个小项目合成,以小项目的平均分来记分。整个问卷采用6点计分,正向计分题与反向计分题各半。问卷适用于测量中小学生在学习活动中的自我效能感水平,问卷的内部一致系数为0.82。

5. 师生关系问卷

采用褚昕宇于2006年编制的《师生关系问卷》,该问卷共18题,分为三个维度,即师生关系情况、教师接近难易度和师生间地位差异。每个维度6题,采用李克特5点量表形式,各项目均为1~5评分,其中"完全符合"记1分,"基本符合"记2分,"一般"记3分,"基本不符合"记4分,"完全不符合"记5分。问卷三个维度的同质性信度分别为0.766、0.881

和 0.882。

6. 学业成绩

把学生期末考试的语文、数学、英语、科学、社会五科成绩分别以各学校的年级为单位计算标准分,然后将各科标准分加总得到每位学生的学业成绩分数。

（三）研究过程

以被试所在班级为单位,由受过培训的高年级本科生担任主试,通过统一的指导语集体施测。所有数据均采用 SPSS V17.0 和 Amos V17.0 进行统计分析。

三、研究结果

（一）初中生学业错误观的性别、年级与城乡差异分析

初中生学业错误应然观与实然观的测量结果如表 3-1 所示。经对初中生学业错误观各因子的 2（性别）×2（年级）×2（城乡）方差分析,结果发现其交互作用均不显著,故对学业错误观各因子分别进行性别、年级、城乡差异的独立样本 t 检验,结果如表 3-2 所示。从表中可以看出,应然观"错误情感体验"因子,实然观"错误情感体验"因子、"对错误的归因"因子与"自身观点确信度"因子的性别差异均显著,且女生的得分均显著高于男生;应然观"自身观点确信度"因子的性别差异也非常显著,男生的得分显著高于女生;实然观"自身观点确信度"因子的年级差异显著,初二学生的得分显著高于初一学生;应然观"错误容忍度"因子、实然观"自身观点确信度"因子与"外在评价遵从度"因子的城乡差异显著,且城镇学生的得分均显著高于农村学生;应然观"自身观点确信度"因子的城乡差异也显著,农村学生的得分显著高于城镇学生;其余差异均不显著（$p > 0.05$）。

表 3-1　初中生学业错误观的测量结果(M±SD)

因子		性别		年级		城乡	
		男	女	初一	初二	城镇	农村
应然观	错误价值认知	17.02±2.57	16.80±2.72	17.11±2.64	16.62±2.69	17.02±2.66	16.70±2.68
	错误情感体验	5.91±1.91	6.75±2.00	6.30±1.90	6.59±2.10	6.67±2.10	6.13±1.85
	对错误的归因	10.33±2.44	10.95±2.25	10.41±2.41	11.07±2.21	10.99±2.43	10.37±2.17
	错误容忍度	8.26±2.28	8.47±2.34	8.52±2.29	8.25±2.35	8.81±2.29	7.87±2.24
	自身观点确信度	10.83±2.88	9.32±3.31	10.21±3.22	9.51±3.23	9.29±3.23	10.63±3.10
	外在评价遵从度	9.82±3.36	9.88±2.95	10.07±3.18	9.62±3.00	10.21±3.11	9.42±3.04
实然观	错误价值认知	13.04±2.71	13.31±2.18	13.36±2.30	13.03±2.49	13.32±2.45	13.06±2.32
	错误情感体验	5.74±1.69	6.57±2.04	6.23±2.01	6.28±1.89	6.51±1.91	5.94±1.97
	对错误的归因	10.04±2.26	11.36±2.34	10.70±2.47	11.04±2.30	11.05±2.43	10.63±2.34
	错误容忍度	8.05±2.00	8.31±2.16	8.21±2.05	8.21±2.16	8.44±2.25	7.93±1.87
	自身观点确信度	9.25±3.19	10.89±3.03	9.73±3.23	10.90±3.03	10.93±3.14	9.45±3.07
	外在评价遵从度	12.05±4.02	12.21±3.57	12.36±3.85	11.92±3.60	12.74±3.76	11.40±3.59

表 3-2　初中生学业错误观的性别、年级与城乡差异分析(t 值)

因子		性别	年级	城乡
应然观	错误价值认知	0.486	1.136	0.739
	错误情感体验	−2.529*	−0.905	1.646
	对错误的归因	−1.580	−1.761	1.624
	错误容忍度	−0.543	0.704	2.551*
	自身观点确信度	2.851**	1.341	−2.570*
	外在评价遵从度	−0.115	0.903	1.578
实然观	错误价值认知	−0.639	0.849	0.660
	错误情感体验	−2.591*	−0.148	1.787
	对错误的归因	−3.419**	−0.871	1.077
	错误容忍度	−0.717	−0.004	1.493
	自身观点确信度	−3.184**	−2.298*	2.919**
	外在评价遵从度	−0.252	0.729	2.224*

注：* $p<0.05$，* * $p<0.01$，下同。

(二)初中生学业错误应对方式的性别、年级与城乡差异分析

初中生学业错误应然应对方式与实然应对方式的测量结果如表 3-3 所示。经对初中生学业错误应对方式各因子的 2(性别)×2(年级)×2 (城乡)方差分析,结果发现其交互作用均不显著,故对学业错误应对方式各因子分别进行性别、年级、城乡差异的独立样本 t 检验,结果如表 3-4 所示。从表中可以看出,实然应对方式"逃避错误"因子与"消极情绪"因子的性别差异显著,且均为女生的得分显著高于男生;应然应对方式"逃避错误"因子的年级差异显著,初二学生的得分显著高于初一学生;应然应对方式"消极情绪"因子、实然应对方式"解决问题与积极情绪"因子与"消极情绪"因子的城乡差异显著,且均为城镇学生的得分显著高于农村学生;其余差异均不显著($p > 0.05$)。

表 3-3　初中生学业错误应对方式的测量结果(M±SD)

因子		性别		年级		城乡	
		男	女	初一	初二	城镇	农村
应然应对方式	解决问题	20.98±4.77	21.12±4.95	21.75±4.50	20.28±4.63	21.58±5.02	20.42±4.63
	逃避错误	11.53±4.50	11.77±3.67	11.05±3.57	12.39±4.33	11.32±4.23	12.13±3.64
	消极情绪	7.11±2.10	7.58±2.20	7.40±2.05	7.41±2.32	7.76±2.30	6.94±1.91
	积极情绪	6.67±1.91	6.41±1.82	6.33±1.86	6.70±1.85	6.29±1.86	6.78±1.83
实然应对方式	解决问题与积极情绪	21.02±4.16	20.21±4.30	20.67±4.41	20.34±4.09	21.39±4.49	19.40±3.68
	逃避错误	10.26±2.81	11.45±3.25	10.59±2.98	11.48±3.26	11.09±3.11	10.90±3.19
	消极情绪	6.89±1.71	7.59±1.96	7.21±1.88	7.46±1.92	7.87±1.94	6.64±1.59

表 3-4　初中生学业错误应对方式的性别、年级与城乡差异分析(t 值)

因子		性别	年级	城乡
应然应对方式	解决问题	−0.163	1.874	1.462
	逃避错误	−0.361	−2.072*	−1.256
	消极情绪	−1.305	−0.038	2.358*
	积极情绪	0.823	−1.231	−1.598

续表

	因子	性别	年级	城乡
实然 应对 方式	解决问题与积极情绪	1.133	0.474	2.997**
	逃避错误	−2.296*	−1.750	0.387
	消极情绪	−2.295*	−0.827	4.282**

(三)初中生父母教养方式的性别、年级与城乡差异分析

初中生父母教养方式的测量结果如表 3-5 所示。经对父母教养方式各因子的 2(性别)×2(年级)×2(城乡)方差分析,结果发现其交互作用均不显著,故对父母教养方式各因子分别进行性别、年级、城乡差异的独立样本 t 检验,结果如表 3-6 所示。从表中可以看出,父亲教养方式"情感温暖理解"因子、"惩罚严厉"因子与"拒绝否认"因子的性别差异显著,且均为男生的得分显著高于女生;父亲教养方式"过度保护"因子与母亲教养方式"惩罚严厉"因子的年级差异显著,且均为初二学生的得分显著高于初一学生;母亲教养方式"情感温暖理解"因子的年级差异也显著,初一学生的得分显著高于初二学生;父亲教养方式"情感温暖理解"因子与"过分干涉"因子的城乡差异显著,且均为城镇学生的得分显著高于农村学生;其余差异均不显著($p>0.05$)。

表 3-5　初中生父母教养方式的测量结果(M±SD)

	因子	性别		年级		城乡	
		男	女	初一	初二	城镇	农村
父亲 教养 方式	情感温暖理解	48.30±10.55	45.00±9.47	47.21±9.92	45.13±9.93	48.00±10.45	44.00±8.84
	惩罚严厉	17.84±7.08	15.38±5.16	15.93±5.39	16.79±6.81	16.17±6.52	16.46±5.51
	过分干涉	21.33±4.40	19.84±4.64	20.09±4.19	29.76±5.02	21.13±4.77	19.48±4.21
	拒绝否认	10.95±4.28	9.59±3.20	9.75±3.61	10.49±3.76	9.91±3.65	10.34±3.75
	过度保护	10.37±3.28	10.21±2.72	9.72±2.66	10.90±3.11	10.39±3.00	10.12±2.85
母亲 教养 方式	情感温暖理解	50.79±11.18	48.55±11.28	51.31±10.49	47.20±11.77	50.55±12.00	47.91±10.14
	过干涉过保护	33.30±6.89	33.31±6.80	33.78±6.55	32.76±7.10	33.61±7.14	32.91±6.41
	拒绝否认	14.39±4.62	14.56±4.69	13.80±4.09	15.28±5.14	14.75±4.78	14.16±4.50
	惩罚严厉	13.60±4.98	12.94±4.94	12.49±4.08	13.97±5.07	12.95±4.51	13.48±4.76

表 3-6 初中生父母教养方式的性别、年级与城乡差异分析(t 值)

		性别	年级	城乡
父亲教养方式	情感温暖理解	1.999*	1.291	2.505*
	惩罚严厉	2.304*	−0.847	−0.296
	过分干涉	1.956	−0.902	2.230*
	拒绝否认	2.072*	−1.236	−0.725
	过度保护	0.306	−2.531*	0.560
母亲教养方式	情感温暖理解	1.190	2.277*	1.442
	过干涉过保护	−0.006	0.918	0.629
	拒绝否认	−0.220	−1.945	0.774
	惩罚严厉	0.826	−1.990*	−0.695

（四）初中生师生关系与学习自我效能感的性别、年级与城乡差异分析

初中生师生关系与学习自我效能感的测量结果如表 3-7 所示。对初中生师生关系与学习自我效能感的各个因子与自我效能感进行 2（性别）×2（年级）×2（城乡）方差分析，结果如表 3-8 所示。从表中可以看出，"师生间地位差异"因子的性别差异显著，女生的得分显著高于男生；"师生关系情况"因子的年级差异非常显著，初一学生的得分显著高于初二学生；"师生关系情况"因子的性别与年级交互作用、年级与城乡的交互作用显著（见图 3-2、图 3-3）；"师生间地位差异"因子的年级与城乡的交互作用显著，如图 3-4 所示；其余的差异均不显著（$p > 0.05$）。

表 3-7 初中生师生关系与学习自我效能感的测量结果（M±SD）

因子	性别		年级		城乡	
	男	女	初一	初二	城镇	农村
师生关系情况	22.74±5.25	23.01±4.38	23.73±3.85	21.97±5.41	23.42±4.52	22.25±4.90
教师接近难易度	20.82±5.20	20.82±5.06	21.19±4.77	20.41±5.45	20.85±5.12	20.79±5.10
师生间地位差异	22.86±5.78	24.44±4.06	24.32±4.33	23.31±5.30	24.05±4.63	23.60±5.08
学习自我效能感	42.01±5.79	42.41±4.47	42.07±5.17	42.46±4.80	42.63±4.78	41.78±5.24

表 3-8　初中生师生关系与学习自我效能感的性别、年级与城乡差异分析(*F* 值)

因子	性别(A)	年级(B)	城乡(C)	A*B	A*C	B*C	A*B*C
师生关系情况	0.451	8.377**	1.695	4.552*	0.004	5.211*	0.528
教师接近难易度	0.050	1.230	0.003	1.669	0.153	0.154	0.043
师生间地位差异	4.943*	3.137	0.003	2.539	0.561	5.327*	3.402
学习自我效能感	0.089	1.089	1.522	1.113	1.496	0.317	3.128

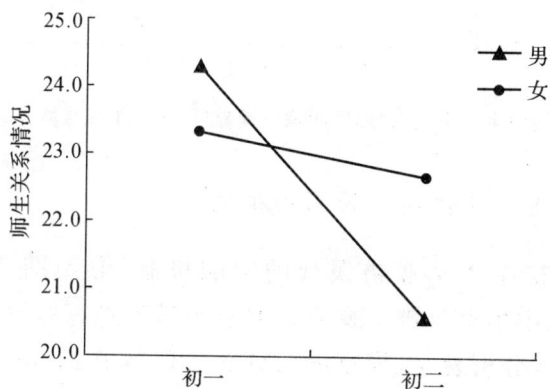

图 3-2　初中生师生关系"师生关系情况"因子的年级与性别交互作用

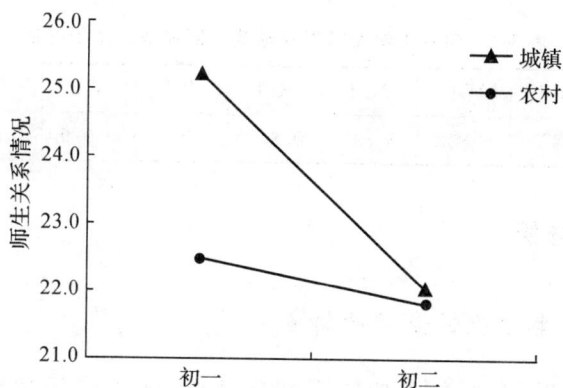

图 3-3　初中生师生关系"师生关系情况"因子的年级与城乡交互作用

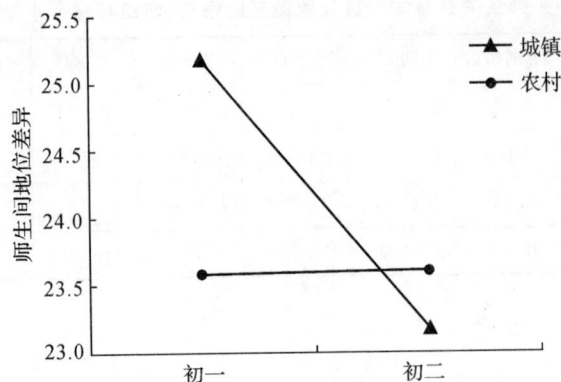

图 3-4　初中生师生关系"师生间地位差异"因子的年级与城乡交互作用

（五）初中生学业错误观的影响机制

为了分析初中生学业错误观的影响机制，参照图 3-1 的假设，在 Amos 中构建初中生学业错误观的影响机制模型进行验证，结果如图 3-5 所示。经 Amos 分析表明，模型的 CMIN/DF 小于 2；GFI 与 AGFI 均大于 0.8；NFI、RFI 均大于 0.8，IFI、TLI、CFI 均大于 0.9；RMSEA 小于 0.05（如表 3-9 所示），说明模型适配良好。

表 3-9　初中生学业错误观影响机制模型的适配指数

CMIN/DF	GFI	AGFI	NFI	RFI	IFI	TLI	CFI	RMSEA
1.989	0.873	0.832	0.895	0.871	0.945	0.929	0.944	0.050

四、讨论分析

（一）初中生学业错误观的特点

本研究表明，女生在应然错误情感体验、实然错误情感体验上的得分显著地高于男生，表明她们对学业上的错误非常在意，当出现学业错误时，通常会表现出较强的消极情绪，而男生则较少有这种倾向。一般而言，女生相对于男生在学习中会投入更多的精力，刻苦求学。因此，女生会更留意学业状况，有较高的应然错误情感体验。另外，已有研究表明，情绪加工存在性别差异，女性具有情绪识别优势，更好的情绪记忆能

情感温暖理解　0.38
惩罚严厉　0.82
过分干涉　0.85　父教养方式
拒绝否认　0.62
过度保护　0.74

情感温暖理解　0.25
过干涉过保护　0.75　母教养方式
拒绝否认　0.51
惩罚严厉　0.53

父母教养方式　0.95**　0.94**

师生关系　0.91　师生关系情况
0.86　教师接近难易度
0.91　师生间地位差异

0.17**　0.02　−0.22**　0.01

错误价值认知　0.43
错误情感体验　0.54
对错误的归因　0.34　应然观　0.83**　实然观
错误容忍度　0.66
自身观点确信度　0.70
外在评价遵从度　0.62

错误价值认知　0.40
错误情感体验　0.54
对错误的归因　0.27
错误容忍度　0.58
自身观点确信度　0.68
外在评价遵从度　0.69

0.16**　0.11*

解决问题　0.52
逃避错误　0.98
消极情绪　0.47　应然应对方式　0.44**　实然应对方式
积极情绪　0.20

解决问题与积极情绪　0.22
逃避错误　0.95
消极情绪　0.38

0.29**　0.10*

学习自我效能感　0.08　学业成绩

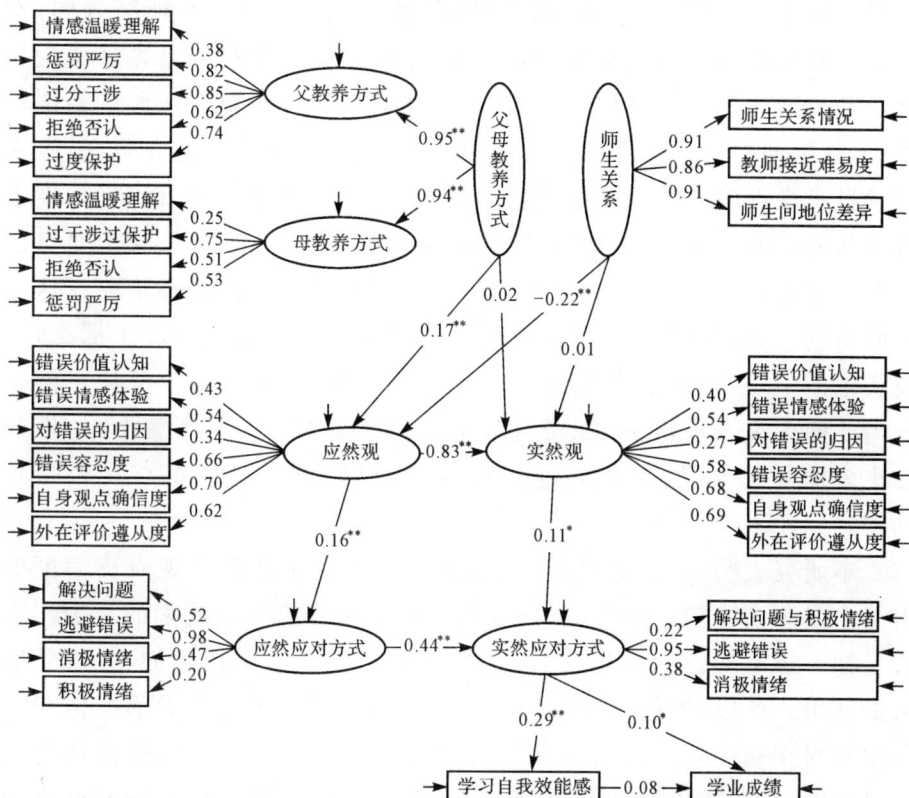

图 3-5　初中生学业错误观影响机制模型

力和更强的负性情绪易感性(袁加锦、汪宇、鞠恩霞、李红,2010)。这就可以解释女生相对于男生在实然错误情感体验上有更高的得分。本研究也表明,女生在实然对错误的归因上的得分也显著高于男生,表明她们更多地会把学业错误归因于自己的原因,相信通过自己的努力能够克服学习过程中的错误,男生则倾向于把学业错误归因为自身以外的原因。男女生在学校里接受的教育都是同一模式、没有性别的区分的,这就会导致他们在面对学业中的错误、挫折时产生相同的应然错误归因观。毋庸置疑,教师与家长都会尽可能地向他们灌输正确的错误归因方式。假设外界的条件是相同的,比如遇到相同的学业错误,拥有相同的社会支持系统等,这些正确的错误归因方式往往也是相同的。但不管灌输的是怎样的归因方式,其最终目的都是希望学生(子女)能总结错误经验,取得成功。而在归因理论中,自控型的人更倾向于对错误、挫折表现出积极乐观的一面,然后通过自己的改变来获得成功。有研究表明,女生的自我效能感略高于男生(岑萃,2005),也就是说女生更容易认为自己具备成功的条件,她们也就更倾向于在实际行动中秉持正确的错误归因观,认为通过自己的努力可以改善状况。本研究结果还表明,男生在应然自身观点确信度上得分显著高于女生,而在实然自身观点确信度上得分却显著低于女生。与实然错误归因的原因相同,男生事实上对自己缺少一定的信心,而正是这种缺失,也导致他们认为自己必须要在这一方面得到加强,所以在应然自身观点确信度上的得分会较高。那么,在现实生活中,当大家遇到观点不一致的问题时,男生的第一反应可能是觉得要向大家表现出更多的自信,认为自己是对的。可事实上,他们却会更多地怀疑自己,也更多地进行求证,以验证自己的观点是否是正确的。

本研究表明,在学业错误观上,初二学生在实然自身观点确信度的得分上显著高于初一学生,对自己观点的正确性表现出更多的肯定。不管是初一还是初二的学生,他们都希望自己的观点是正确的,并得到别人的认可。所以,他们在应然的自身观点确信度上差异不显著。但初二学生相对于初一学生自我统一性得到进一步的发展。他们往往认为自己已经"长大",要把他们看成"大人",也需要自己的言行在同辈群体中得到足够的重视。因此,这种自身人格的完善会让初二学生在实际生活中对自己的言行表现出更多的肯定,希望以此来影响身边的同伴,并得到尊重。

本研究表明,在学业错误观上,城镇学生在应然错误容忍度上得分显著高于农村学生,表明他们更难容忍自己在学业上所犯的错误。这可能是因为在城镇生活往往比在农村生活需要付出更多的努力,也就使得城镇的家庭和学校对子女(学生)提出更高的学业要求。为了达到这种要求,城镇学生理所当然就必须尽量让自己少犯错误,做得更好。因此,城镇学生在应然错误容忍度上得分要显著高于农村学生。但是,撇开社会环境来说,城镇学生与农村学生的心智发展是一样的,犯错误的概率也是相近的。更重要的是,换个角度来看,农村学生也可能因为自身条件较弱,从而为了进入城镇生活而更难容忍自己犯错,会付出更多努力。每个人的内心都存在一个心理调节机制。在不同环境下,对自我的过度宽容和过度苛责都得到了调节，所以城镇学生与农村学生在实然错误容忍度上没有显著性差异。另外，城镇学生在应然自身观点确信度上得分显著低于农村学生，而在实然自身观点确信度上得分显著高于农村学生。农村学生认为他们应该更加相信自己在学业上的正确性，但事实上却做得不好。所以，一方面农村学生认识到自己应该自信一点，对自己的学业观点有更多的肯定；可另一方面，他们却做不到。同时，城镇学生在实然外在评价遵从度上得分显著高于农村学生。不管是城镇还是农村的学生都处于自我意识蓬勃发展的阶段，每个人都想显示出自我的个性。这时候他们都希望别人能遵从自己的想法，服从自己。因而在应然外在评价遵从度上没有显著性差异。但是，城镇学生从小接触的社会环境相对复杂，其社会化程度也会相对略高一点，那么他们就更希望自己可以融入一个集体中，所以城镇学生对外在评价非常在意，努力使自己对错误的观点和看法与他人（特别是重要他人）一致，农村学生则表现出某种叛逆，对他人的评价表现得不太在意。结合城镇学生在自身观点确信度上的表现，他们事实上对自己没有足够的自信，从而转向遵从他人的观点和行为。

（二）初中生学业错误应对方式的特点

在错误应对方式方面，本研究表明女生在实然逃避错误、实然消极情绪上的得分都显著地高于男生。从认知的角度来分析，不管是男生还是女生，从外界所接受的信息必定会使她们意识到在挫折面前产生消极情绪，并且逃避错误是错误的。但是，一个人的认知并不能代表他的实际行动，所有的人都还是希望自己能够克服困难，得到进步。这中间，情绪就起到了很重要的影响。情绪加工的性别差异表现为情绪调节过程的不同：相比男性，女性更善于抑制情绪行为，却较难通过认知策略调节负性情绪（袁加锦等，2010）。因此，尽管都有相似的应然逃避错误、应然消极情绪，但女生更容易在学业错误后产生悲伤、焦虑等负性情绪，从而对错误采取逃避行为。这样的情绪、行为与女生在错误情感上的强烈反应是一致的。她们感情细腻，对生活事件更加敏感。由于这种消极的情绪是显著强烈的，所以可能超过她们的心理负荷而产生逃避行为。

从错误应对方式的角度来看，本研究表明，初二学生在应然逃避错误的得分上显著高于初一学生。结合初二学生的实然自身观点确信度来分析，正是他们希望自己的观点、行为正确的认知方式，导致他们认为在行动上也更应该对错误采取逃避行为，来掩盖自己的一些学业错误。但事实上，初一学生与初二学生对待逃避错误的看法还是一样的，都认为逃避错误并不是解决问题的正确方式，所以在实然逃避错误上，他们又不存在显著的差异。

在错误应对方式方面，本研究表明，城镇学生在应然消极情绪与实然消极情绪上的得分均显著高于农村学生。这可能是因为城镇相对于农村来说经济更加发达，同样的，也会有更多的挑战、刺激。比如，城镇学生相对于农村学生在周末、假期里会更多地参加课外学业辅导和兴趣小组，他们的父母会对子女表现出更多的期待，也就使子女有着更高的学业压力。除此之外，由于城镇学生本身就比农村学生有更多的机会接受良好教育，也导致城镇学生会有更激烈的学业竞争，使其有着更多的消极情绪。但是，城镇学生在实然解决问题与积极情绪上得分显著高于农村学生。总体来看，面对不同的问题，采取的解决方式自然也是不同的，但万变不离其宗，因而城镇学生在应然解决问题和积极情绪上与农村学生没有显著性差异。但是问题的解决还会受到多个因素的影响，尤其是社会支持系统的影响。从他们的生活环境来看，城镇学生所面对的更多的挑战，也是一种资源。高压的环境在给城镇学生带来消极情绪的同时，也迫使他们去学会面对这些处境，掌握更多应对学业错误的方法。在将预期行为转化为实际行为的过程中，他们更容易运用正确的方式解决问题。此外，城镇学生的父母、师长本身也有着较优越的资源，也更能为城镇学生在实际解决问题中提供一定的支持与帮助。

（三）初中生父母教养方式的特点

本研究表明，在父母教养方式上，男生在父亲情感温暖理解、父亲惩罚严厉、父亲拒绝否认上的得分都显著地高于女生。初中阶段的男生通常会比女生表现出更多的独立性和反抗性，所以也就更容易得到父亲的关注。一方面，表现为父亲给予男生更多的关心、照顾，去理解他们的处境；另一方面，表现为父亲会更容易责备或惩罚男生的一些叛逆行为和举动。相对于女性来说，男性在为人处世方面有着更高的理性。在教养子女的过程中,父亲会对自己的言行有着更多的反思、斟酌,所以会随着子女的特点,包括性别特点表现出更多针对性的教养方式,而母亲在对待男女生上可能就表现得没有那么显著的不同。

本研究表明,在父母教养方式上,初一学生在父亲过度保护、母亲惩罚严厉的得分上显著低于初二学生;而在母亲情感温暖理解的得分上显著高于初二学生。即对于初一年级的学生,父亲表现得比较宽容,母亲表现得比较严厉。初一的学生刚刚从小学毕业,从生理上来说,他们身体发育相对于初二学生还是比较迟滞的;从心理上来说,他们还带有小学生比较明显的依赖性、幼稚性。结合前文提及的父亲比母亲在教养方式上可能有着更多的反思、斟酌。所以,进入初一这个阶段后,面对子女仍然保留着小学生特点的现象,父亲更多地延续了小学的教养方式,对这个时期的初一学生仍会有更多的保护和溺爱;但是母亲更加希望自己的子女尽早地表现出初中生的成熟,因而有着更严厉的要求。当然,父母对初一、初二学生对待方式的不同也离不开初二学生本身的特点。到了初二阶段,中学生就会更明显地出现叛逆情结。他们的心理具有明显的动荡性、闭锁性。动荡性可以表现为忽而对这个感兴趣,忽而对那个感兴趣;今天满怀信心,明天又心情沮丧;想要冲破家庭、学校的束缚,又缺乏足够的社会经验。而闭锁性则表现为初二学生会更多地将自己的心事向朋友倾诉,而尽量避开与家长、老师交流。其中女生表现得尤为突出。以上这些现象就要求父母转变自己先前的教养方式,在关心爱护与惩罚严厉之外给予子女更多的理解,从而帮助初中生在初一、初二这样的"身心巨变期"形成正确的学业错误观与错误应对方式。

在父母教养方式方面,本研究表明,城镇学生在父亲情感温暖理解、父亲过分干涉上得分显著高于农村学生。一般来说,城镇的父母会接受更高的教育,也会更多地关注教育问题,从而在子女的教养问题上会投入更多的努力与心血。另外,城镇相对于农村来说,会有更多的独生子女。这样,城镇父母往往是两个人照顾一个子女。而农村父母往往是两个人照顾多个子女,他们不管是在精力,或者财力上都面临着更多的挑战。因此,城镇学生不仅会得到更多的关心和理解,也会得到更多的严求和苛责。

（四）初中生学业错误观影响机制模型分析

本研究表明,初中生学业错误观和学业错误应对方式对其学业成绩、学习自我效能感有显著的预测功能。初中生学业错误应然观直接影响其实然观与应然应对方式,学业错误实然观与应然应对方式通过实然应对方式对其学习自我效能感与学业成绩产生作用。这与以往的研究基本一致。有研究表明,学生的学习观是在其学校学习经验的基础上产生的,并且随着学校经历的丰富与发展而不断地发生变化(Schommer, Calvert, Gariglietti & Bajaj, 1997),对学生的学习动机、行为、策略以及学业成绩产生重大影响(Hofer, 2001;刘儒德、宗敏、刘治刚,2005)。研究还发现成熟而富有建构性的学习观,能指引学生积极有效地认知错误,促进学生采取较为有效的认知策略,产生强烈的内部学习动机,从而更多地体验到学习的成就感和愉快感(王学臣、周琰,2008)。

在模型中,出现了一个令人费解的现象,师生关系与父母教养方式对初中生学业错误实然观的影响均不显著。这可能与我们的教育方式有关。我们习惯于理想的教育,习惯于用理想的状态来要求我们的孩子,反映在学业过程中就是神化孩子学习的榜样,并以其来影响孩子的学业应然错误观。但对孩子的学业错误实然观,教师与父母们却关注较少,较少从孩子的角度对其学业错误实然观进行分析与思考。当孩子出现错误时,大都只是帮助孩子订正错误,而没有帮助孩子具体地分析每个错误对孩子学业发展的价值,致使孩子在改正错误时不能获得成就感,学业错误的价值也因此大打折扣。同时,当孩子出现对学业错误负面情感体验时,部分家长与教师经常忽视孩子的这种情感体验,对之缺乏有效的引导,更有甚者"恨铁不成钢"地强化这种情感体验,导致孩子在情感上与父母和教师的疏远。因此,表现出师生关系与父母教养方式对初中生的学业错误应然观具有显著影响,而对其学业错误实然观却不产生作用。

五、结论

1. 初中生学业错误应然观通过实然观和应然应对方式间接影响其实然应对方式,并最终影响学习自我效能感和学业成绩。

2. 父母教养方式与师生关系对学业错误应然观有着显著影响,但对学业错误实然观却并不显著。

第二节　高中生师生关系与学业错误观的关系研究

一、研究目的

本研究旨在探讨高中生是如何看待学业错误,如何应对学业错误,高中生的学业错误观对其应对方式有何影响,师生关系与高中生的学业错误观及其应对方式有何内在联系,为培养学生正确的学业错误观、学业错误应对方式,建立良好的师生关系提供心理学依据。

二、研究方法

(一)研究对象

采用方便取样的方法,在浙江省某市城镇和农村各一所普通中学的高一和高二学生中发放问卷 520 份,回收问卷 483 份,剔除无效问卷后,得到有效问卷 409 份,有效回收率为 78.65%。其中城镇学生 223 人,农村学生 186 人;高一学生 211 人,高二学生 198 人;男生 171 人,女生 238 人。

(二)研究工具

1. 中学生学业错误观问卷

该问卷包含中学生学业错误应然观和中学生学业错误实然观两个分问卷。

《中学生学业错误应然观分问卷》由 23 个题项 6 个因子构成,分别是:错误价值认知(5 题)、自身观点确信度(4 题)、对错误的归因(4 题)、外在评价遵从度(4 题)、错误情感体验(3 题)和错误容忍度(3 题)。量表采用 4 级评分,"1"表示"完全不符合","2"表示"基本不符合","3"表示"基本符合","4"表示"完全符合"。初中生的累计方差解释率达 57.322%,高中生的累计方差解释率达 65.477％;验证性因素分析和模型稳定性分析均表明模型适配良好;各因子的同质性信度为 0.702～0.887,具有良好的构念效度。

《中学生学业错误实然观分问卷》也由 23 个题项 6 个因子构成,分别是:错误价值认知(4 题)、自身观点确信度(4 题)、对错误的归因(4 题)、外在评价遵从度(5 题)、错误情感体验(3 题)和错误容忍度(3 题)。量表采用 4 级评分,"1"表示"完全不符合","2"表示"基本不符合","3"表示"基本符合","4"表示"完全符合"。初中生的累计方差解释率达 56.505％,高中生的累计方差解释率达 62.050％;验证性因素分析和模型稳定性分析均表明模型适配良好;各因子的同质性信度为 0.644～0.835,具有良好的构念效度。

2. 高中生学业错误应对方式问卷

该问卷包含高中生学业错误应然应对方式和高中生学业错误实然应对方式两个分问卷。

《高中生学业错误应然应对方式分问卷》由 23 个题项 4 个因子构成,分别是:解决问题(10 题)、逃避错误(7 题)、消极情绪(3 题)和积极情绪(3 题)。量表采用 4 级评分,"1"表示"从不如此","2"表示"偶尔如此","3"表示"经常如此","4"表示"总是如此"。累计方差解释率达 67.267％;验证性因素分析和模型稳定性分析均表明模型适配良好;各因子的同质性信度为 0.688～0.952,具有良好的构念效度。

《高中生学业错误实然应对方式分问卷》由 18 个题项 4 个因子构成,分别是:解决问题(7 题)、逃避错误(5 题)、消极情绪(3 题)和积极情绪(3 题)。量表采用 4 级评分,"1"表示"从不如此","2"表示"偶尔如此","3"表示"经常如此","4"表示"总是如此"。累计方差解释率达 58.654％;验证性因素分析和模型稳定性分析均表明模型适配良好;各因子的同质性信度为 0.692～0.860,具有良好的构念效度。

3. 师生关系问卷

采用褚昕宇于 2006 年编制的《师生关系问卷》,该问卷共 18 题,分为三个维度,即师生关系情况、教师接近难易度和师生间地位差异。每个维度 6 题,采用李克特 5 点量表形式,各项目均为 1～5 评分,其中"完全符合"记 1 分,"基本符合"记 2 分,"一般"记 3 分,"基本不符合"记 4 分,"完全不符合"记 5 分。问卷三个维度的同质性信度分别为 0.766、0.881 和 0.882。

（三）研究过程

以被试所在班级为单位，由受过培训的高年级本科生担任主试，通过统一的指导语集体施测。所有数据均采用 SPSS V17.0 和 Amos V17.0 进行统计分析。

三、研究结果

（一）高中生学业错误观的性别、城乡与年级差异分析

高中生学业错误应然观与实然观的测量结果如表 3-10 所示。对高中生学业错误应然观与实然观的各个因子分别进行 2（性别）×2（城乡）×2（年级）的方差分析，结果如表 3-11 所示。由表中可以看出，应然观的"外在评价遵从度"因子、实然观的"自身观点确信度"因子与"外在评价遵从度"因子的性别差异均有统计学意义，且均为男生的得分显著高于女生；实然观的"自身观点确信度"因子的城乡差异显著，且农村学生的得分显著高于城镇学生。

应然观的"错误情感体验"因子的年级与性别交互作用显著（见图 3-6），简单效应分析表明，高一学生的性别差异不显著（$F_{(1,390)}=0.411$，$p=0.522>0.05$），高二学生的性别差异非常显著（$F_{(1,390)}=7.328$，$p=0.007<0.01$），高二女生的得分显著高于高二男生；应然观的"对错误的归因"因子的年级与性别交互作用显著（见图 3-7），简单效应分析表明，高二学生的性别差异不显著（$F_{(1,389)}=0.817$，$p=0.367>0.05$），高一学生的性别差异显著（$F_{(1,389)}=5.331$，$p=0.021<0.05$），高一女生的得分显著高于高一男生；应然观的"错误价值认知"因子的城乡、年级与性别的交互作用显著，城镇高二男生的得分最高，城镇高一男生得分最低；其余的差异均不显著（$p>0.05$）。

表 3-10　高中生学业错误应然观与实然观的测量结果（M±SD）

因子		性别		城乡		年级	
		男	女	城镇	农村	高一	高二
应然观	错误价值认知	15.97±2.46	16.19±2.43	16.08±2.55	16.12±2.31	16.06±2.38	16.14±2.51
	错误情感体验	6.85±2.23	7.20±2.13	7.21±2.16	6.88±2.19	7.00±2.20	7.12±2.16
	对错误的归因	11.75±2.14	12.00±1.96	11.98±2.00	11.79±2.08	11.85±2.10	11.94±1.97
	错误容忍度	7.62±2.43	7.83±2.19	7.89±2.26	7.58±2.32	7.75±2.29	7.74±2.30
	自身观点确信度	9.26±2.84	8.72±2.81	8.74±2.87	9.18±2.78	9.02±2.90	8.86±2.77
	外在评价遵从度	8.33±3.00	7.51±2.95	8.01±3.04	7.66±2.92	7.89±2.96	7.81±3.03
实然观	错误价值认知	12.44±2.02	12.44±1.98	12.30±1.98	12.61±2.00	12.27±2.00	12.63±1.97
	错误情感体验	6.69±2.25	6.58±1.91	6.72±1.97	6.51±2.16	6.71±2.04	6.53±2.07
	对错误的归因	11.69±1.87	12.01±1.85	11.90±1.77	11.84±1.97	11.79±1.90	11.96±1.83
	错误容忍度	7.34±1.93	7.35±1.96	7.38±1.90	7.31±2.00	7.33±1.85	7.37±2.05
	自身观点确信度	9.20±2.56	8.43±2.45	8.46±2.46	9.08±2.55	8.80±2.52	8.68±2.53
	外在评价遵从度	10.69±3.59	9.62±3.45	10.25±3.46	9.85±3.63	10.23±3.48	9.89±3.61

表 3-11　高中生学业错误应然观与实然观的性别、城乡与年级差异分析（*F* 值）

因子		性别(A)	城乡(B)	年级(C)	A＊B	A＊C	B＊C	A＊B＊C
应然观	错误价值认知	0.567	0.034	0.307	0.021	1.057	0.115	5.901*
	错误情感体验	2.297	2.455	0.131	2.082	5.765*	0.003	0.029
	对错误的归因	0.900	0.387	0.750	0.002	5.071*	0.006	3.492
	错误容忍度	1.069	1.164	0.007	0.397	0.365	2.726	0.260
	自身观点确信度	3.636	1.656	0.237	0.709	0.021	0.915	1.603
	外在评价遵从度	5.952*	2.527	0.194	0.632	1.079	1.497	0.173
实然观	错误价值认知	0.022	1.762	2.570	0.295	0.278	1.640	0.548
	错误情感体验	0.227	1.027	0.644	2.179	1.833	0.608	0.389
	对错误的归因	2.016	0.001	1.604	1.394	0.958	0.110	1.548
	错误容忍度	0.003	0.077	0.100	0.146	1.106	0.219	0.020
	自身观点确信度	8.092**	4.287*	0.338	0.430	0.407	0.265	0.187
	外在评价遵从度	7.262**	2.350	1.113	0.795	0.423	1.835	1.702

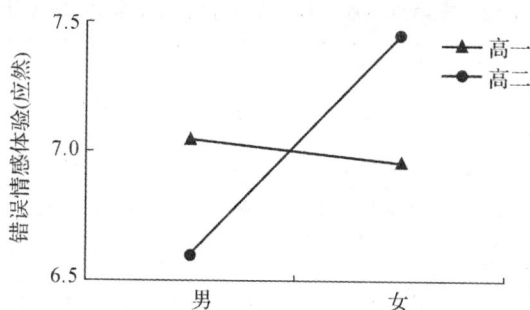

图 3-6　高中生应然观"错误情感体验"因子的性别与年级交互作用

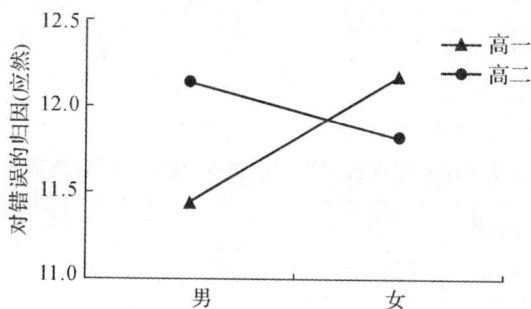

图 3-7　高中生应然观"对错误的归因"因子的性别与年级交互作用

(二)高中生学业错误应对方式的性别、城乡与年级差异分析

高中生学业错误应然应对方式与实然应对方式的测量结果如表3-12所示。对高中生学业错误应然应对方式与实然应对方式的各个因子分别进行 2(性别)×2(城乡)×2(年级)的方差分析,结果如表 3-13 所示。由表中看出,应然应对方式与实然应对方式的"逃避错误"因子的性别差异均有统计学意义,且均为男生的得分显著高于女生;应然应对方式的"解决问题"因子与"消极情绪"因子、实然应对方式的"解决问题"因子的城乡差异均非常显著,且均为城镇学生的得分显著高于农村学生;应然应对方式的"逃避错误"因子、实然应对方式的"消极情绪"因子与"积极情绪"因子的年级差异均显著,且均为高二学生的得分显著高于高一学生;应然应对方式的"解决问题"因子的城乡、年级与性别的交互作用显著,城镇高一女生的得分最高,而农村高二男生得分最低;其余的差异均不显著($p>0.05$)。

表 3-12　高中生学业错误应对方式的测量结果(M±SD)

因子		性别		城乡		年级	
		男	女	城镇	农村	高一	高二
应然应对方式	解决问题	25.42±4.99	25.99±5.11	26.72±4.86	24.60±5.06	25.84±4.91	25.64±5.23
	逃避错误	14.34±4.71	12.64±4.24	13.20±4.64	13.53±4.37	12.94±4.56	13.80±4.44
	消极情绪	7.36±2.07	7.53±2.02	7.76±2.05	7.10±1.98	7.50±2.07	7.40±2.01
	积极情绪	7.47±1.74	7.32±1.61	7.44±1.71	7.32±1.62	7.31±1.71	7.47±1.63
实然应对方式	解决问题	14.30±3.98	14.16±3.85	14.91±3.94	13.38±3.69	14.08±3.74	14.37±4.07
	逃避错误	11.60±3.20	11.12±2.95	11.54±3.08	11.07±3.03	11.25±2.93	11.41±3.21
	消极情绪	7.72±1.91	7.56±1.78	7.65±1.85	7.61±1.82	7.44±1.80	7.84±1.86
	积极情绪	7.83±1.87	7.52±1.83	7.68±1.90	7.62±1.80	7.47±1.81	7.85±1.88

表 3-13　高中生学业错误应对方式的性别、城乡与年级差异分析(F 值)

因子		性别(A)	城乡(B)	年级(C)	A＊B	A＊C	B＊C	A＊B＊C
应然应对方式	解决问题	0.850	18.012**	0.036	0.395	1.377	0.237	4.396*
	逃避错误	14.267**	0.240	3.903*	0.105	0.097	0.221	1.072
	消极情绪	0.474	10.226**	0.137	0.206	0.541	0.003	0.552
	积极情绪	0.944	0.348	1.500	0.078	1.051	0.004	1.654
实然应对方式	解决问题	0.187	15.252**	0.752	3.662	2.851	2.323	0.126
	逃避错误	3.871*	1.654	1.319	1.766	0.682	1.253	0.609
	消极情绪	0.645	0.120	5.165*	0.345	0.181	2.647	2.605
	积极情绪	2.097	0.144	4.040*	0.567	0.344	1.400	1.563

(三)高中生师生关系的性别、城乡与年级差异分析

高中生师生关系的测量结果如表 3-14 所示。对高中生师生关系的各个因子分别进行 2(性别)×2(城乡)×2(年级)的方差分析,结果如表 3-15 所示。由表中可以看出,"师生间地位差异"因子的性别差异显著,且女生的得分显著高于男生;"师生间关系情况"因子的性别与城乡交互作用显著,如图 3-8 所示,经简单效应检验表明,城镇学生的性别差异不显著($F_{(1,391)} = 0.436, p = 0.510 > 0.05$),农村学生的性别差异显著

$(F_{(1,391)}=4.402,p=0.037<0.05)$，农村女生的得分显著高于农村男生；"教师接近难易度"因子的性别与城乡交互作用也非常显著，如图 3-9 所示，经简单效应检验表明，农村学生的性别差异不显著$(F_{(1,393)}=2.883,$ $p=0.090>0.05)$，城镇学生的性别差异显著$(F_{(1,393)}=4.407,p=0.036$ $<0.05)$，城镇男生的得分显著高于城镇女生；"教师接近难易度"因子的城乡与年级交互作用非常显著，如图 3-10 所示，经简单效应检验表明，农村学生的年级差异不显著$(F_{(1,393)}=0.776,p=0.379>0.05)$，城镇学生的年级差异显著$(F_{(1,393)}=4.058,p=0.045<0.05)$，城镇高二学生的得分显著高于城镇高一学生；其余的差异均不显著$(p>0.05)$。

表 3-14　高中生师生关系的测量结果（M±SD）

因子	性别		城乡		年级	
	男	女	城镇	农村	高一	高二
师生间关系情况	20.32±4.55	20.60±4.17	20.50±4.27	20.47±4.41	20.19±4.10	20.81±4.56
教师接近难易度	18.86±4.98	18.51±4.53	18.78±4.61	18.51±4.86	18.47±4.40	18.86±5.05
师生间地位差异	21.74±4.60	22.84±4.56	22.28±4.62	22.49±4.59	21.98±4.48	22.81±4.71

表 3-15　高中生师生关系的性别、城乡与年级差异分析（F 值）

因子	性别(A)	城乡(B)	年级(C)	A＊B	A＊C	B＊C	A＊B＊C
师生间关系情况	1.208	0.407	0.489	3.967*	1.693	2.760	0.036
教师接近难易度	0.026	1.630	0.003	7.126**	1.586	4.167*	0.002
师生间地位差异	6.452*	0.058	1.741	0.633	0.528	0.754	0.108

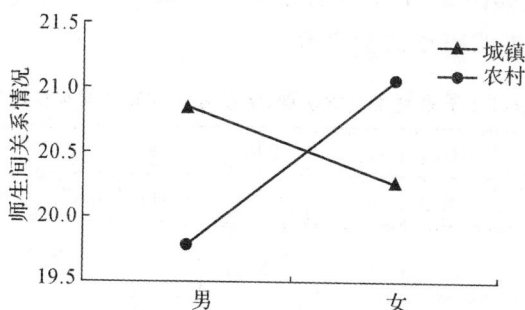

图 3-8　高中生"师生间关系情况"因子的性别与城乡交互作用

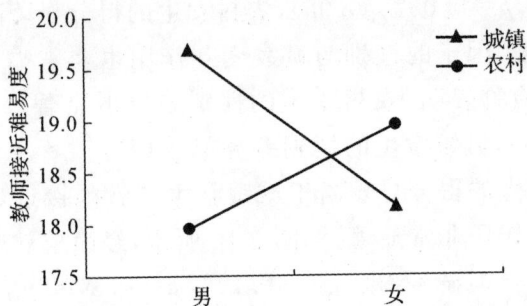

图 3-9　高中生"教师接近难易度"因子的性别与城乡交互作用

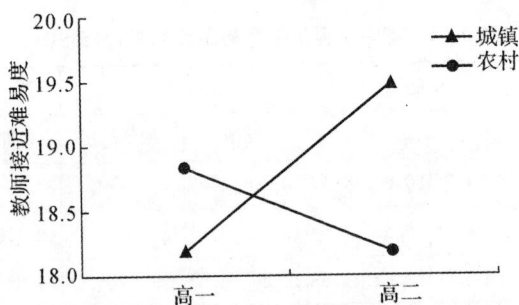

图 3-10　高中生"教师接近难易度"因子的城乡与年级交互作用

(四)高中生师生关系与学业错误观、学业错误应对方式之间的关系

为考察高中生师生关系对学业错误观及其应对方式的影响,参照图 3-1 的假设,构建如图 3-11 所示的模型。经 Amos 分析,模型的适配指标如表 3-16 所示,表明模型适配良好。

表 3-16　高中生师生关系与学业错误观、学业应对方式之间关系模型的适配指标

CMIN/DF	GFI	AGFI	NFI	RFI	IFI	TLI	CFI	RMSEA
2.887	0.874	0.806	0.870	0.817	0.911	0.872	0.909	0.079

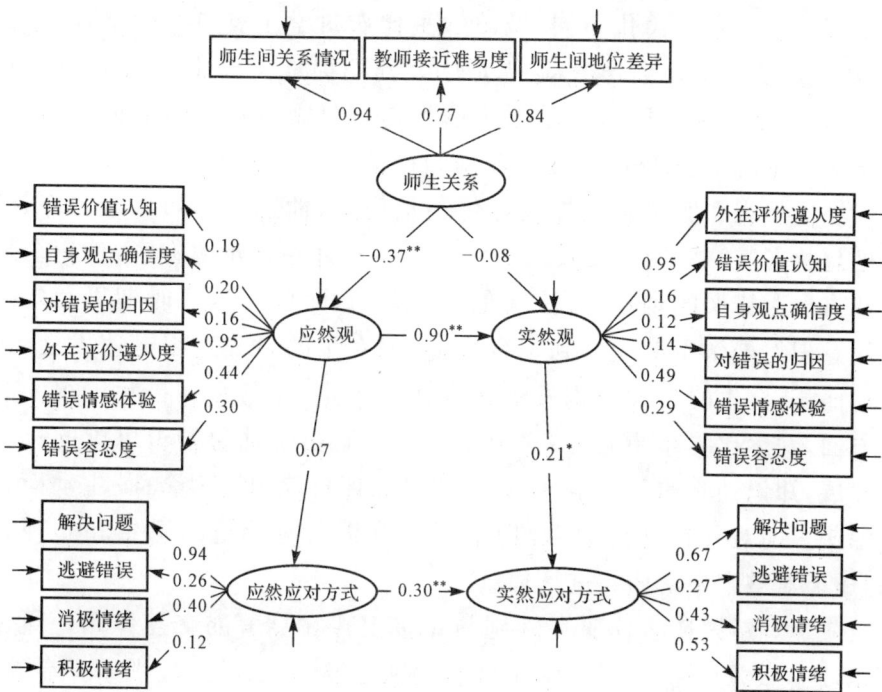

图 3-11　高中生师生关系与学业错误观、学业错误应对方式的关系模型

四、讨论分析

(一)高中生学业错误观的特点

　　本研究表明,高中生在应然观自身观点确信度上的性别差异和城乡差异均不显著,但在实然观自身观点确信度上的差异却都显著。学生在认知层面,普遍知道应该要肯定自己观点的正确性。但认知层面上的认可并不代表个体在实际学习过程中也确信自己观点的正确性,男生相比于女生,农村学生相比于城镇学生,对自己观点的正确性都更加肯定。这与男女生的非智力因素不同有关,从整体上看,男生较明显偏向于场独立型,他们受外界的影响较少,对事对物有自己的判断,并有意志坚持自己的观点,当自己的观点与他人不一致时,他们会客观地看人看事,不受主观情感影响;然而,女生较明显地倾向于情绪型、场依赖型,体现为顺从,她们较容易受别人的暗示而作出决断,主观色彩浓厚。城乡学生

的不同处之一是社会化不同，城镇学生比农村学生有更好的学校、家庭环境，接触更多的社会环境，这无形中让他们提早步入社会，了解社会百态，懂得人情世故。所以在学习中遇到与自身观点不一致的情境时，城镇学生会考虑更多的东西，更容易对自己的观点不确信。

在应然观和实然观的外在评价遵从度上，性别差异均显著，"应是"的理想状态与"是"的现实状态一致。男生对外在评价更在意，他们会努力使自己对错误的观点、看法与他人一致，这可能与这一时期男女生的自我意识发展水平有关。到了青春期，男女生的自我意识迅速发展，但相对而言，女生的自我意识发展速度快于男生，尤其是在自我审视的意识方面，女生比男生更自觉（贾晓波，2007）。由于抽象逻辑思维的进一步发展，知识经验的日益丰富，女生的自我评价能力变得全面、主动而日趋深刻。面对外在评价时，她们不仅能分析一时矛盾的思想和心理状态，还能对整个事情面貌进行估量。

应然观错误情感体验在性别与年级上存在显著的交互作用。通过简单效应分析发现，高一学生无显著性别差异，高二学生性别差异显著，女生比男生更在意学业错误，当出现学业错误时，会表现出较强的消极情绪。这可能与社会期待和自我情绪控制力有关。由于男女学生先天的差异以及现在的学业考试偏向于记忆、语言表达，在中小学中普遍存在女生成绩比男生好的现象。特别是临近高考，家长、老师对高二女生有更高的学业成就期待，这使得女生对自己的成绩有高要求。当出现学业错误时，她们会比男生更在意。王登峰和甘怡群（1994）的研究表明，男性比女性知觉到更多的控制力。遇到学业错误时，女生的情绪控制力不及男生，更容易出现消极情绪。

应然观对错误的归因在性别与年级上存在显著的交互作用。通过简单效应分析发现，高二学生无显著性别差异，高一学生性别差异显著，女生比男生更倾向于把学业错误归因为自身原因，相信通过自己的努力能够克服学业过程中的错误，男生倾向于把学业错误归因为自身以外的原因。这与Matlin（1987）的研究结果类似，在失败情境下女性比男性更多地将失败归结为自身能力的缺乏上。一般而言，认为两性在成功与失败的情境下归因方式不同的研究者，大多倾向于认为女性在成功情境下多作外部归因，认为运气好，任务容易；在失败情境下多作内部归因，认为是自己能力差所致。男性则不同,在成功情境下作内归因,在失败情境下作外归因。

(二)高中生学业错误应对方式的特点

黄希庭等(2000)研究认为,女生的应对方式较男生消极被动,本研究并没有支持这一观点。高中生应然应对方式与实然应对方式的解决问题、消极情绪、积极情绪因子上的性别差异均不显著,这说明现在的学生都能以问题解决的应对方式来应对学业中遇到的错误。然而,高中生应然应对方式与实然应对方式在逃避问题因素上的性别差异显著,在面对学业错误时,男生更易对错误采取逃避行为。如上所述,在中小学中普遍存在女生成绩比男生好的现象,男生对自我的评价降低,加之青春期的到来,男生在学校、家里都表现得更加叛逆,遇到困难时常常闷在心里,采取沉浸网络、喝酒等消极方式来对待。

应然应对方式的消极情绪上的城乡差异显著,但实然应对方式的消极情绪上的城乡差异却不显著,应然状态与实然状态不一致。在应然应对方式的消极情绪上,城镇学生认为自己更容易在出现学业错误之后产生悲伤、焦虑等负性情绪。究其原因,可能是因为城镇学生和农村学生面对的学习压力不一样。城镇的经济状况好于农村,致使城镇家长对子女的教育更加重视,"望子成龙,望女成凤"的心情更加急切。当城镇学生遇到学业错误的时候,他们认为自己应该更容易产生负性情绪。然而,"实然"是事物的现实展开,与"应然"的预期不可相提并论。实际上,城镇学生和农村学生在遇到学业错误的时候,产生消极情绪方面并没有区别。高中阶段是自我意识趋于成熟的时期,随着生理的发育、心理的发展、知识经验的增长,高中生逐渐能够认识和评价自己的内心体验,从而能够独立地支配和调节自己的情绪和行为。

同样,消极情绪和逃避错误也存在着应然状态与实然状态不一致的情况。应然应对方式的逃避错误上的年级差异显著,高二学生认为自己应该比高一更容易对错误采取逃避行为。这种想法可能与高考的临近有关,希望自己不犯错误,取得好成绩。然而,实际上就如上所述,自我意识的发展在高中阶段已接近成熟,高中生能够自觉地认识和评价自己,他们对错误有了一个比较全面的认识,高一、高二学生在对待错误采取逃避行为上不存在差异。

(三)高中生师生关系的状况

本研究发现,高中生的"师生间地位差异"受到性别因素的影响,且女生的得分高于男生,而"师生间关系情况"和"教师接近难易度"未受到性别因素的影响。这与张佃珍、王世凤和邱振良(2011)的研究结果一致,这可能与我国长期以来在家庭、学校当中树立的好学生形象有关。家长、老师眼中的好学生标准是听话、守纪律、成绩优秀。相比较而言,高中阶段的女生比较听话、文静,男生比较调皮、好动。由于对女孩的社会期望使她们的行为比较符合社会的要求,问题也相对少,所以在学校中,许多老师喜欢听话的女生,并让她们担任班干部,而对于不听话、不守规矩的男生,老师通常采取忽视或严厉对待。因此,女生在与老师相处过程中,更可能感受到与老师之间的地位是平等的,是朋友的关系,而男生更可能感受到与老师之间的地位是不平等的,是领导与被领导的关系。

高中生的师生关系未受到城乡因素的影响,这与陈辉(2005)、于璐(2008)的研究结果不一致。究其原因,这可能与地区有关,陈辉、于璐的研究在我国的北方,而本研究在我国经济相对发达的东南部。经济发展的水平直接影响了教育发展的速度。近几年来,温州在缩小城乡教育差距上做了很多工作,例如坚持教育资源向农村地区倾斜,优秀师资采用流动制度等。这些政策减少了城镇教师与农村教师在待遇、资质上的差别,农村教师同城镇教师一样能理解高中生的价值观、兴趣的变化,能与学生进行良好的沟通,建立良好的师生关系。

高中生的师生关系也未受到年级因素的影响,这与张佃珍等(2011)、陈辉(2005)的研究结果不一致。高一的学生刚升入高中,新的学习环境、新的人际交往环境需要适应。在这整个的适应过程中,学生可能会遇到诸多的问题,这就需要同老师之间建立起良好的学习关系、情感关系,以此来帮助他们更好地解决问题,适应高中生活。到了高二,学生既适应了环境,又没有像高三那么大的高考压力,相较而言,心态是最好的,这时的他们从容地与老师交往,建立良好的师生关系。

"教师接近难易度"在性别与城乡上存在显著的交互作用。通过简单效应分析发现,农村学生无显著性别差异,而城镇学生有显著性别差异,且男生与老师的情感关系好于女生。这可能与城镇高中生的性格特点有关,城镇高中女生在人际交往中比较被动,多处于守势,而城镇高中男生爱玩,大多比较主动,平时能自发地找老师交流,且 Mehl,Vazire,Ramirez-Esparza,Slatcher 和 Pennebaker(2007)研究发现,男性比女性健谈。

（四）师生关系与学业错误观、学业错误应对方式的关系

本研究表明,高中生师生关系通过影响学业错误应然观,间接影响实然观,并最终影响实然应对方式。这与初中生的研究结果基本一致,预示着师生关系的好坏影响着高中生对待错误的看法以及应对方式。但与初中生不同的是,高中生的师生关系并未通过应然应对方式间接影响实然应对方式,这可能是由于随着自我意识的快速发展,高中生能更好地区分应然应对方式和实然应对方式。

五、结论

1. 高中生的学业错误应然观中,男生认为自己比女生更在意外在评价。

2. 高中生的学业错误实然观中,男生比女生、农村学生比城镇学生对自己观点的正确性都更加肯定;男生比女生更在意外在评价。

3. 高中生的学业错误应然应对方式中,男生、高二学生认为自己更易采取逃避行为;城镇学生认为自己应该更能采取行动解决问题,以及更容易在出现学业错误之后产生消极情绪。

4. 高中生的学业错误实然应对方式中,男生更易采取逃避行为;城镇学生更能理性地看待错误,并采取积极行为来解决;高二学生更易产生消极情绪。

5. 高中生师生关系中,女生知觉到的与老师间地位差异小于男生。

6. 高中生师生关系通过影响学业错误观的应然观与实然观,间接影响实然应对方式。

第三节　高中生学业错误观与学习自我效能感的关系研究

一、研究目的

本研究试图从学业错误观和学业错误应对方式的视角探讨高中生

学习自我效能感的发展状况,为促进高中生学业发展提供依据。

二、研究方法

(一)研究对象

采用方便取样的方法,在浙江省某市选取城镇、农村两所高中的高一、高二年级学生为研究对象,共发放调查问卷 400 份,回收问卷 344 份,其中有效问卷 287 份,有效回收率为 71.75%。其中城镇学生 151 人,农村学生 136 人;高一学生 150 人,高二学生 137 人;男生 113 人,女生 174 人。

(二)研究工具

1. 中学生学业错误观问卷

该问卷包含中学生学业错误应然观和中学生学业错误实然观两个分问卷。

《中学生学业错误应然观分问卷》由 23 个题项 6 个因子构成,分别是:错误价值认知(5 题)、自身观点确信度(4 题)、对错误的归因(4 题)、外在评价遵从度(4 题)、错误情感体验(3 题)和错误容忍度(3 题)。量表采用 4 级评分,"1"表示"完全不符合","2"表示"基本不符合","3"表示"基本符合","4"表示"完全符合"。初中生的累计方差解释率达 57.322%,高中生的累计方差解释率达 65.477%;验证性因素分析和模型稳定性分析均表明模型适配良好;各因子的同质性信度为 0.702~0.887,具有良好的构念效度。

《中学生学业错误实然观分问卷》也由 23 个题项 6 个因子构成,分别是:错误价值认知(4 题)、自身观点确信度(4 题)、对错误的归因(4 题)、外在评价遵从度(5 题)、错误情感体验(3 题)和错误容忍度(3 题)。量表采用 4 级评分,"1"表示"完全不符合","2"表示"基本不符合","3"表示"基本符合","4"表示"完全符合"。初中生的累计方差解释率达 56.505%,高中生的累计方差解释率达 62.050%;验证性因素分析和模型稳定性分析均表明模型适配良好;各因子的同质性信度为 0.644~0.835,具有良好的构念效度。

2. 高中生学业错误应对方式问卷

该问卷包含高中生学业错误应然应对方式和高中生学业错误实然

应对方式两个分问卷。

《高中生学业错误应然应对方式分问卷》由 23 个题项 4 个因子构成，分别是：解决问题（10 题）、逃避错误（7 题）、消极情绪（3 题）和积极情绪（3 题）。量表采用 4 级评分，"1"表示"从不如此"，"2"表示"偶尔如此"，"3"表示"经常如此"，"4"表示"总是如此"。累计方差解释率达 67.267%；验证性因素分析和模型稳定性分析均表明模型适配良好；各因子的同质性信度为 0.688～0.952，具有良好的构念效度。

《高中生学业错误实然应对方式分问卷》由 18 个题项 4 个因子构成，分别是：解决问题（7 题）、逃避错误（5 题）、消极情绪（3 题）和积极情绪（3 题）。量表采用 4 级评分，"1"表示"从不如此"，"2"表示"偶尔如此"，"3"表示"经常如此"，"4"表示"总是如此"。累计方差解释率达 58.654%；验证性因素分析和模型稳定性分析均表明模型适配良好；各因子的同质性信度为 0.692～0.860，具有良好的构念效度。

3. 学习自我效能感问卷

采用北京师范大学发展心理所编制的《学习自我效能感问卷》。问卷将学习自我效能感分为学习行为自我效能感和学习能力自我效能感两个独立的维度。问卷共含 12 个项目，其中第 1 项与第 2 项分别由 2 个小项目合成，以小项目的平均分来记分。整个问卷采用 6 点计分，正向计分题与反向计分题各半。问卷适用于测量中小学生在学习活动中的自我效能感水平，问卷的内部一致系数为 0.82。

（三）研究过程

由施测者按照统一指导语对调查对象进行团体施测，每人完成该量表的测试大约需要 30～40 分钟。所得资料均采用 SPSS V17.0 和 Amos V17.0 进行统计分析。

三、研究结果

（一）高中生学业错误观的性别、城乡与年级的差异分析

高中生学业错误应然观与实然观的测量结果如表 3-17 所示。对学业错误应然观与实然观的各个因子进行 2（性别）×2（城乡）×2（年级）方

差分析,结果如表 3-18 所示。由表中可以看出,应然观的"外在评价遵从度"因子、实然观的"自身观点确信度"因子与"外在评价遵从度"因子的性别差异均有统计学意义,且男生的得分均显著高于女生;应然观的"错误情感体验"因子的年级与性别交互作用显著(见图 3-12),经简单效应检验表明,高一学生的性别差异不显著($F_{(1,279)}=0.857, p=0.356>0.05$),高二学生的性别差异非常显著($F_{(1,279)}=7.060, p=0.008<0.01$),高二女生的得分显著高于高二男生;应然观的"对错误的归因"因子的年级与性别交互作用显著(见图 3-13),经简单效应检验表明,女生的年级差异不显著($F_{(1,279)}=0.630, p=0.428>0.05$),男生的年级差异显著($F_{(1,279)}=4.045, p=0.045<0.05$),高二男生的得分显著高于高一男生;应然观的"外在评价遵从度"因子的城乡与年级交互作用显著,如图 3-14 所示;其余的差异均不显著($p>0.05$)。

表 3-17　高中生学业错误观的测量结果(M±SD)

因子		城乡		年级		性别	
		城镇	农村	高一	高二	男	女
应然观	错误价值认知	16.19±2.50	16.06±2.35	16.06±2.36	16.20±2.50	15.91±2.47	16.26±2.40
	错误情感体验	7.09±2.15	6.83±1.98	6.96±2.06	6.98±2.09	6.78±2.13	7.09±2.03
	对错误的归因	12.03±1.98	11.91±1.90	11.92±1.95	12.03±1.93	11.88±2.00	12.03±1.90
	错误容忍度	7.89±2.33	7.49±2.29	7.73±2.27	7.66±2.36	7.69±2.52	7.70±2.18
	自身观点确信度	8.89±2.91	9.09±2.70	9.12±2.89	8.84±2.72	9.23±2.78	8.83±2.83
	外在评价遵从度	7.98±3.04	7.56±2.90	7.76±2.90	7.80±3.07	8.45±3.12	7.34±2.80
实然观	错误价值认知	12.32±1.98	12.59±1.99	12.29±2.03	12.61±1.94	12.31±2.01	12.53±1.97
	错误情感体验	6.67±1.92	6.37±2.06	6.65±1.95	6.39±2.04	6.59±2.17	6.48±1.87
	对错误的归因	11.92±1.81	11.93±1.85	11.84±1.88	12.02±1.76	11.80±1.87	12.01±1.79
	错误容忍度	7.38±1.95	7.22±1.89	7.29±1.83	7.33±2.02	7.35±2.00	7.28±1.88
	自身观点确信度	8.66±2.40	8.97±2.50	8.89±2.41	8.72±2.49	9.27±2.38	8.51±2.45
	外在评价遵从度	10.16±3.49	9.61±3.53	10.01±3.41	9.77±3.64	10.62±3.65	9.43±3.35

表 3-18　高中生学业错误观的城乡、年级与性别差异分析(F值)

	因子	城乡(A)	年级(B)	性别(C)	A*B	A*C	B*C	A*B*C
应然观	错误价值认知	0.020	0.980	1.148	0.051	0.010	2.597	2.761
	错误情感体验	0.874	0.049	1.553	0.011	2.605	6.470*	0.250
	对错误的归因	0.067	1.107	0.175	0.683	0.121	4.237*	1.996
	错误容忍度	1.638	0.000	0.010	3.484	0.246	0.625	0.006
	自身观点确信度	0.162	0.957	1.495	0.809	0.147	0.326	0.006
	外在评价遵从度	2.814	0.000	8.965**	3.911*	0.252	0.158	0.337
实然观	错误价值认知	1.673	2.538	1.221	1.002	0.000	2.746	0.252
	错误情感体验	1.317	1.333	0.212	0.434	1.684	1.906	0.160
	对错误的归因	0.243	1.880	0.678	0.256	1.060	2.281	1.066
	错误容忍度	0.500	0.061	0.086	0.600	0.001	0.290	0.250
	自身观点确信度	0.344	1.126	5.973*	0.103	0.713	1.256	0.617
	外在评价遵从度	2.489	0.300	7.537**	3.747	0.010	0.059	0.699

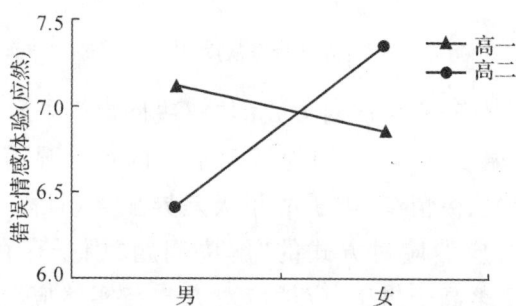

图 3-12　高中生应然观"错误情感体验"因子的性别与年级交互作用

(二)高中生学业错误应对方式的性别、城乡与年级差异分析

高中生学业错误应然应对方式与实然应对方式的测量结果如表 3-19 所示。对高中生学业错误应然应对方式与实然应对方式的各个因子分别进行 2(性别)×2(城乡)×2(年级)的方差分析,结果如表 3-20 所示。由表中可以看出,应然应对方式的"解决问题"因子、"消极情绪"因

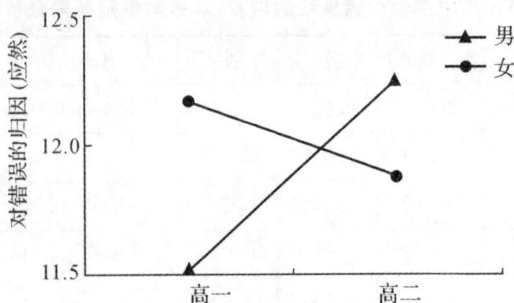

图 3-13　高中生应然观"对错误的归因"因子的性别与年级交互作用

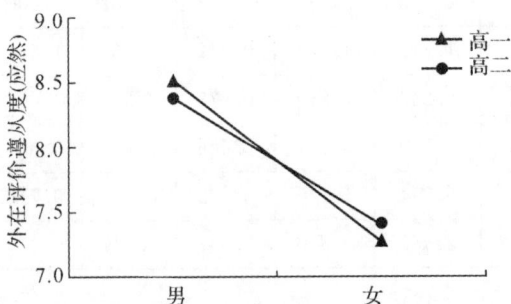

图 3-14　高中生应然观"外在评价遵从度"因子的性别与年级交互作用

子与"积极情绪"因子,实然应对方式的"解决问题"因子与"消极情绪"因子均存在显著的城乡差异,且均为城镇学生的得分显著高于农村学生;实然应对方式的"积极情绪"因子的年级差异显著,且高二学生的得分显著高于高一学生;应然应对方式的"解决问题"因子存在显著的性别差异,女生的得分显著高于男生;应然应对方式与实然应对方式的"逃避错误"因子也均存在显著的性别差异,且均为男生的得分显著高于女生;实然应对方式"解决问题"因子的城乡与年级交互作用显著(见图 3-15),经简单效应检验表明,高一学生的城乡差异不显著($F_{(1,279)} = 0.019$,$p=0.892>0.05$),高二学生的城乡差异非常显著($F_{(1,279)} = 8.403$,$p=0.004<0.01$),城镇高二学生的得分显著高于农村高二学生;应然应对方式的"积极情绪"因子存在显著的城乡、年级与性别的交互作用,城镇高二男生的得分最高,而农村高二男生最低;其余的差异均不显著($p>0.05$)。

表 3-19　高中生学业错误应对方式的测量结果(M±SD)

因子		城乡		年级		性别	
		城镇	农村	高一	高二	男	女
应然应对方式	解决问题	29.74±8.57	25.56±8.26	28.32±8.66	27.14±8.66	26.12±8.25	28.82±8.78
	逃避错误	12.33±4.81	13.46±4.42	12.45±4.60	13.33±4.69	14.25±4.79	11.97±4.35
	消极情绪	7.46±2.29	6.99±2.06	7.25±2.31	7.22±2.06	7.32±2.26	7.18±2.15
	积极情绪	8.77±1.98	8.21±1.85	8.47±1.91	8.54±1.97	8.51±1.89	8.50±1.97
实然应对方式	解决问题	14.52±4.13	13.54±3.73	13.98±3.73	14.14±4.23	14.14±3.95	14.00±3.99
	逃避错误	11.56±2.89	11.29±2.90	11.31±2.67	11.57±3.12	11.83±2.99	11.17±2.80
	消极情绪	7.36±1.97	6.82±1.83	7.19±1.91	7.00±1.94	7.01±1.95	7.16±1.90
	积极情绪	7.71±1.86	7.61±1.81	7.48±1.79	7.86±1.86	7.88±1.83	7.52±1.83

表 3-20　高中生学业错误应对方式的城乡、年级与性别差异分析(F 值)

因子		城乡(A)	年级(B)	性别(C)	A∗B	A∗C	B∗C	A∗B∗C
应然应对方式	解决问题	14.189**	0.626	5.196*	0.330	0.147	0.073	0.953
	逃避错误	2.494	1.746	15.383**	0.037	0.006	0.042	0.661
	消极情绪	4.005*	0.065	0.243	1.806	0.151	0.682	0.098
	积极情绪	5.728*	0.458	0.073	1.083	0.071	0.003	7.025**
实然应对方式	解决问题	4.677*	0.093	0.058	3.888*	0.314	0.745	0.118
	逃避错误	0.561	1.628	4.564*	0.388	0.125	2.180	1.509
	消极情绪	4.281*	0.542	0.231	0.000	1.330	0.282	1.153
	积极情绪	0.292	3.939*	2.450	1.322	0.544	0.144	2.165

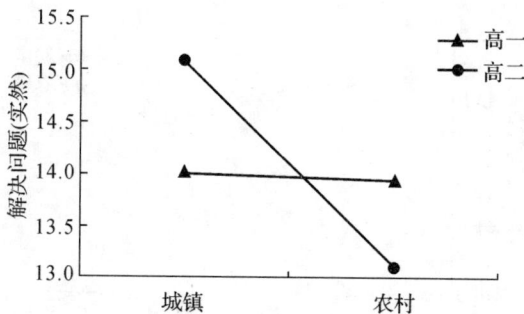

图 3-15　高中生实然应对方式"解决问题"因子的城乡与年级交互作用

(三)高中生学习自我效能感的性别、城乡与年级差异分析

高中生学习自我效能感的测量结果如表 3-21 所示。对学习自我效能感的各个因子进行 2(性别)×2(城乡)×2(年级)方差分析,结果如表 3-22 所示。由表中可以看出,"学习行为自我效能感"因子与"学习自我效能感"总分的性别差异均显著,且男生的得分显著高于女生;"学习自我效能感"总分的城乡与年级的交互作用显著(见图 3-16),经简单效应检验表明,农村学生的年级差异不显著($F_{(1,279)}=0.156$,$p=0.693>0.05$),城镇学生的年级差异非常显著($F_{(1,279)}=6.970$,$p=0.009<0.01$),城镇高二学生的得分显著高于城镇高一学生;其余的差异均不显著($p>0.05$)。

表 3-21　高中生学习自我效能感的测量结果($M\pm SD$)

因子	城乡		年级		性别	
	城镇	农村	高一	高二	男	女
学习行为自我效能感	21.01±4.74	21.66±4.44	20.89±4.52	21.77±4.67	22.35±4.41	20.58±4.61
学习能力自我效能感	20.69±5.04	21.29±4.83	20.54±4.84	21.43±5.03	21.48±4.98	20.60±4.90
学习自我效能感	41.63±8.46	43.02±7.58	41.45±8.12	43.17±7.97	43.81±7.87	41.20±8.08

表 3-22　高中生学习自我效能感的城乡、年级与性别差异分析(F 值)

因子	城乡(A)	年级(B)	性别(C)	A * B	A * C	B * C	A * B * C
学习行为自我效能感	0.347	2.333	11.290**	3.102	2.620	0.411	1.284
学习能力自我效能感	0.263	1.393	1.657	3.583	1.062	3.759	0.610
学习自我效能感	0.630	2.300	6.869*	4.378*	1.649	2.605	1.585

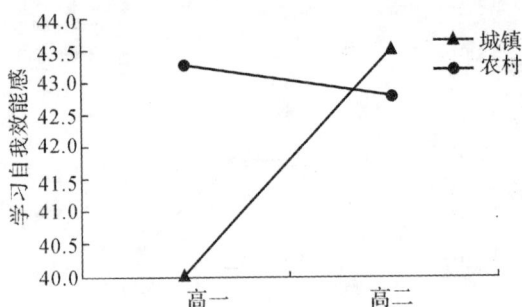

图 3-16　高中生学习自我效能感的城乡与年级交互作用

(四)高中生学业错误观及其应对方式与学习自我效能感的关系

根据图 3-1 的假设,高中生的学业错误观与学业错误应对方式会影响其学习自我效能感,并且学业错误观通过学业错误应对方式的中介作用对学习自我效能感产生影响,构建如图 3-17 的关系模型,其适配结果如表 3-23 所示,结果表明模型拟合良好。

表 3-23 高中生学业错误观及其应对方式与学习自我效能感关系模型的适配指标

CMIN/DF	GFI	AGFI	NFI	RFI	IFI	TLI	CFI	RMSEA
2.131	0.907	0.855	0.903	0.861	0.946	0.921	0.945	0.060

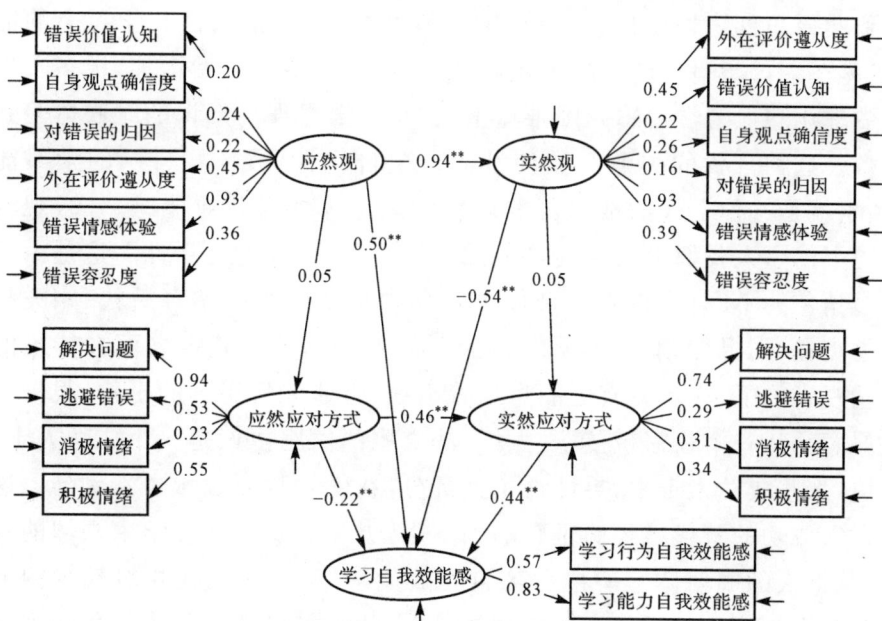

图 3-17 高中生学业错误观及其应对方式与学习自我效能感的关系模型

四、讨论分析

(一)高中生学习自我效能感的特点

研究结果表明,在学习自我效能感上,男女生之间存在非常显著的差异,男生的学习自我效能感普遍优于女生,而且这种差异主要表现在学习行为自我效能感上,而在学习能力自我效能感上则差异不显著。这与以往的研究相符。根据 Bandura(1978)提出的自我效能感理论,影响个体自我效能感的因素主要有以下五个:个人的成败经验、替代性经验、言语说服以及情绪和生理状态。对于高中生来说,这五方面影响他们学习自我效能感的因素大多来自与学习有关的各种学校和家庭因素。

为什么男女生会在学习自我效能感上存在显著差异,而且男生的学习自我效能感普遍好于女生?(1)在总体教育发展势头良好的大环境下,几千年封建传统遗留的重男轻女思想依然存在,女生在一定程度上还是教育的弱势群体。在多子女家庭,女生一般较少地接受赏识教育,甚至在一些学校中,一些老师还存在着男女生对待上的偏差。这些原因导致女孩的自信程度低,对自己能力有怀疑,不相信自己在学习上的能力(彭军生,2009)。进入高中之后,学习的知识难度开始增加,很多女生对数理化知识的学习感到困难重重,常常在学习理性知识的时候体验到失败。这种自我的失败经验使她们产生自我怀疑,怀疑自己的学习能力,也就是这种个人的成败经验就影响了个体的自我效能感。(2)观察历史上的名人我们可以发现,所谓的成功人士更多的是男性。这是由于社会角色的不同,女性在人类发展过程中更多地承担孕育后代、相夫教子的责任,而男性则承担起了开拓事业、赡养家庭的任务。而在传统的成功观影响下,成功更有可能意味着金钱、事业等看得到的事物,很少有人愿意承认一个在家带孩子、煮饭、洗衣服的家庭主妇是一个成功人士。所以,那些成功人士中,男性占了大部分,在学术科研领域也不例外。这种他人成功的替代性经验也影响到学生,男生看到男性在学术领域的成功,从他人的成功体验中内化为自我效能感,而女生也在相对较少的成功者身上寻找到相对较少的成功体验,自然也较少地由替代强化得到学习效能感。(3)在家庭中,父母往往会由于社会化角色的要求和社会分工的不同而对女孩要求更为严格,但这种超出实际的要求往往与孩子的实际能力不一致,孩子经过在学校和社会上的观察与实证后,就会降低自我效能感。同时,在生活学习中,家长、老师也在不自觉地通过语言等方式强化学生的观念。人们往往会对男生说:"好好读书,将来家里还要靠你呢。"却往往对女生说:"女孩子读到这份上差不多了。"在他人的语言强化下,学生的学习自我效能感发展也出现了差异。(4)在生理和心理发展上,男女生本身就是存在差异的,相比之下,男生面对事物更加镇定、更有自信,而女生由于情感细腻,遇事敏感,往往情绪容易波动,更容易对自己的能力产生怀疑,也会降低自我效能感(黄武萍,2006)。

但是男女生之间在学习能力自我效能感上的差异却不显著,这可能是因为学习能力相较于学习行为来说是一种较为内在的学习自我效能感,更多的是从对自己能力的一种估计而不是在实际学习行为中的一种表现。从现实上来说,我国的教育制度倡导男女平等,除少数男校/女校之外,绝大多数学生在同一种学校上学,在同一个班级学习,学习同样的内容,由同样的老师教授知识,感受到的学校氛围也大致相同。我们不能否认男女生在生理、心理的发展上都是存在巨大差异的,所以现代教育提倡尊重学生,逐步建立民主和谐的师生关系,致力于培养学生各方面的能力,增强学生的自信心,给男女学生以同样的关注。正是在这种平等的教育模式下,男女生拥有差不多的学习能力(也许在某一些领域存在差别,但在总体上差别不大),所以除了本身身心发展的差异性,男女生并不存在绝对的优势与劣势,他们对自己能力的估计较为接近。

但是,内在的心理状态与外在的行为表现必然存在一定程度的偏差,尤其是高中生这样一个心智尚未成熟的群体,他们对于自己内在的度量与实际的表现并不相同。正如前文所言,在众多的社会角色眼中,男女生还是存在一些不平等的待遇,即使他们在自我的能力预计上相似,但长期的不一致对待使他们在实际的活动中获得不一样的体验,得到不一样的自我评价。同时,我们在学校中可以发现,相较于男生,女生更勤奋,更能努力地学习,尤其是在小学时期,班级中成绩较好的多为女生,女生在学习行为上表现得更加主动。这就是一种学习行为上差异的表现。但随着学生生理、心理的发展,男生逐渐在各个方面赶上甚至反超女生。所以在进入高中阶段之后,很多女生在学习中遭遇到了更多的失败体验,得到了更多的不良反馈,最终使她们在实际的行动中受到限制,表现出了明显的性别差异。

城乡高中生在总体学习自我效能感和它的两个维度的发展上均不存在差异。随着现代社会的发展,在对教育普遍重视的基础上,人们也越来越多地把注意力集中到了农村教育上。政府开始树立起优先发展农村教育事业的理念,逐步加大农村教育资金投入,加强农村教师队伍建设,采用各种帮扶政策,使农村教育走向一个新的发展阶段。现代的农村学生,尤其是结束了义务教育阶段,在经过一轮筛选之后,进入高中阶段的学生发展状况已经与城镇学生相差无几(彭军生,2009)。另一方面,本次调查的对象为浙江省温州市,是一个发展状况良好,经济比较发达的地区。温州农村地区的经济发展水平较高,相对来说,农村的教育水平也比较高,有些地方甚至已经赶上城镇。所以,学生的身心发展水平与城镇相似,在心理发展上比较自信,对待学习也比较有自我效能感。

(二)学业错误观、学业错误应对方式与学习效能感的关系分析

研究表明,学业错误应然观直接影响学习自我效能感,且通过实然观间接影响学习自我效能感;同时学习自我效能感还直接受应然应对方式与实然应对方式的影响。如果一个高中生在学习过程中能够认识到错误的价值,在体验到错误情感,在一定程度上参考外在评价,那么在面对错误的时候,他们往往比较成熟。因为错误本身给人带来的不愉快感受,大多数人倾向于消极地逃避错误,所以一旦个体能够认识到错误的价值,发挥主观能动性,主动地从错误中寻找今后进步的契机,那么个体在行为中自然就会表现出在积极地面对错误,产生积极情绪的同时倾向于解决问题。

学习自我效能感是学生对于自身能否完成某一学业任务的一种预期,所以当学生较少地逃避错误,较少地产生消极情绪的时候,就能够对自身获得较多的信心,寻找学习的兴趣与信心,产生较高水平的学习自我效能感。很显然,这是与人的心理发展特点相符合的。因为信心是一种逐步积累的过程,是人们在实践过程中不断体验而得到的。如果人们在活动的过程中能够较多地得到积极良好的成功体验,自然就会逐步在成功中产生信心。面对学习错误也是如此,既然学业错误是不可避免的,学生能改变的只有面对的方式与态度。若学生能够积极应对,改变以往消极逃避错误的态度和方法,改变心态,就能进入一个良性循环,在积极的心态中获得较多的成功体验,在较多的成功体验中更好地建立积极心态,最终对学习树立信心。

由此可见,学业错误观的发展对学业错误应对方式的发展起到了积极的促进作用,而学业错误应对方式也对学习自我效能感产生了比较大的影响。在学业错误观作为一种意识,必须通过一定的方式表现和影响

另一种意识,而学业错误应对方式就很好地充当两者之间的中介。

五、结论

1. 男生的学习自我效能感高于女生,主要表现为学习行为自我效能感的发展较好。

2. 学业错误应然观直接影响学习自我效能感,且通过实然观间接影响学习自我效能感;同时学习自我效能感还直接受应然应对方式与实然应对方式的影响。

第四节　高中生父母教养方式与学业错误观的关系研究

一、研究目的

本研究以高中生学业错误观为切入点,对高中生学业错误观的特点,父母教养方式的现状进行调查、统计和分析,探讨高中生的学业错误观与父母教养方式之间的关系,为培养学生正确的学业错误观和健全的人格,并同时也为培养良好的父母教养方式提供心理学依据。

二、研究方法

(一)研究对象

从浙江省某市的城镇和农村选取两所高中,以高一、高二年级学生为研究对象,共发放问卷 500 份,回收问卷 400 份,其中有效问卷 366 份,有效回收率为 73.20%;其中高一学生 223 人,高二学生 143 人;男生 150 人,女生 216 人;城镇学生 176 人,农村学生 190 人。

(二)研究工具

1. 父母教养方式评价量表(EMBU)

父母教养方式评价量表(Egna Minnen av Barndosna Uppforstran, EMBU),1980 年由瑞典 Umea 大学精神医学系 C. Perris 等编制,是用

以评价父母教养态度和行为的问卷。EMBU 由岳冬梅等于 20 世纪 80 年代末引进并修订。修订后的父母教养方式问卷有 66 个项目 11 个因子，其中父亲教养方式含 58 个项目，共 6 个因子，分别是：情感温暖理解、惩罚严厉、过分干涉、偏爱被试、拒绝否认、过度保护；母亲教养方式含 57 个项目，共 5 个因子，分别是：情感温暖理解、过干涉过保护、拒绝否认、惩罚严厉、偏爱被试。因本研究的被试中有许多是独生子女，父母教养方式中的"偏爱被试"因子无法测量，故父亲教养方式保留 5 个因子，母亲教养方式保留 4 个因子。量表采用 4 级评分，从"从不"到"总是"分别计 1～4 分。各分量表的同质性信度为 0.46～0.88，分半信度为 0.50～0.91，重测信度为 0.63～0.82。

2. 中学生学业错误观问卷

该问卷包含中学生学业错误应然观和中学生学业错误实然观两个分问卷。

《中学生学业错误应然观分问卷》由 23 个题项 6 个因子构成，分别是：错误价值认知（5 题）、自身观点确信度（4 题）、对错误的归因（4 题）、外在评价遵从度（4 题）、错误情感体验（3 题）和错误容忍度（3 题）。量表采用 4 级评分，"1"表示"完全不符合"，"2"表示"基本不符合"，"3"表示"基本符合"，"4"表示"完全符合"。初中生的累计方差解释率达 57.322%，高中生的累计方差解释率达 65.477%；验证性因素分析和模型稳定性分析均表明模型适配良好；各因子的同质性信度为 0.702～0.887，具有良好的构念效度。

《中学生学业错误实然观分问卷》也由 23 个题项 6 个因子构成，分别是：错误价值认知（4 题）、自身观点确信度（4 题）、对错误的归因（4 题）、外在评价遵从度（5 题）、错误情感体验（3 题）和错误容忍度（3 题）。量表采用 4 级评分，"1"表示"完全不符合"，"2"表示"基本不符合"，"3"表示"基本符合"，"4"表示"完全符合"。初中生的累计方差解释率达 56.505%，高中生的累计方差解释率达 62.050%；验证性因素分析和模型稳定性分析均表明模型适配良好；各因子的同质性信度为 0.644～0.835，具有良好的构念效度。

3. 高中生学业错误应对方式问卷

该问卷包含高中生学业错误应然应对方式和高中生学业错误实然应对方式两个分问卷。

《高中生学业错误应然应对方式分问卷》由 23 个题项 4 个因子构成，分别是：解决问题（10 题）、逃避错误（7 题）、消极情绪（3 题）和积极情绪（3 题）。量表采用 4 级评分，"1"表示"从不如此"，"2"表示"偶尔如此"，"3"表示"经常如此"，"4"表示"总是如此"。累计方差解释率达 67.267%；验证性因素分析和模型稳定性分析均表明模型适配良好；各因子的同质性信度为 0.688～0.952，具有良好的构念效度。

《高中生学业错误实然应对方式分问卷》由 18 个题项 4 个因子构成，分别是：解决问题（7 题）、逃避错误（5 题）、消极情绪（3 题）和积极情绪（3 题）。量表采用 4 级评分，"1"表示"从不如此"，"2"表示"偶尔如此"，"3"表示"经常如此"，"4"表示"总是如此"。累计方差解释率达 58.654%；验证性因素分析和模型稳定性分析均表明模型适配良好；各因子的同质性信度为 0.692～0.860，具有良好的构念效度。

（三）研究过程

以被试所在班级为单位，由受过培训的高年级本科生担任主试，通过统一的指导语集体施测。所有数据均采用 SPSS V17.0 和 Amos V17.0 进行统计分析。

三、研究结果

（一）高中生学业错误观的性别、城乡与年级的差异分析

高中生学业错误的应然观与实然观的测量结果如表 3-24 所示。对高中生学业错误应然观与实然观的各个因子进行 2（性别）×2（城乡）×2（年级）方差分析，结果如表 3-25 所示。由表中可以看出，应然观的"错误容忍度"因子与"外在评价遵从度"因子的城乡差异均显著，且均为城镇学生的得分显著高于农村学生；实然观的"错误价值认知"因子的年级差异显著，高二学生的得分显著高于高一学生；应然观与实然观的"外在评价遵从度"因子均存在显著的性别差异，且男生的得分均显著高于女生；应然观与实然观的"错误情感体验"因子均存在显著的年级与性别交互作用，如图 3-18、图 3-19 所示；其余的差异均不显著（$p > 0.05$）。

表 3-24　高中生学业错误观的测量结果（M±SD）

因子		城乡		年级		性别	
		城镇	农村	高一	高二	男	女
应然观	错误价值认知	16.43±2.51	16.11±2.47	16.12±2.37	16.40±2.59	16.06±2.48	16.40±2.49
	错误情感体验	7.06±2.13	6.72±1.97	6.96±2.07	6.83±2.04	6.65±2.18	7.04±1.96
	对错误的归因	12.15±2.09	11.92±1.89	11.97±1.92	12.10±2.05	12.08±1.95	12.01±2.01
	错误容忍度	8.17±2.37	7.41±2.25	7.73±2.36	7.84±2.33	7.69±2.48	7.85±2.25
	自身观点确信度	8.63±2.91	9.03±2.86	9.05±2.95	8.63±2.82	9.09±2.90	8.67±2.87
	外在评价遵从度	8.16±3.08	7.43±2.89	7.87±2.90	7.72±3.10	8.53±3.35	7.33±2.67
实然观	错误价值认知	12.46±1.98	12.66±2.02	12.31±1.99	12.80±1.98	12.44±2.01	12.64±1.99
	错误情感体验	7.25±2.08	6.92±2.10	7.24±2.02	6.93±2.16	6.78±2.20	7.27±2.01
	对错误的归因	12.07±1.87	11.91±1.82	11.86±1.80	12.12±1.87	11.87±1.82	12.06±1.86
	错误容忍度	7.37±1.96	7.25±1.93	7.18±1.81	7.42±2.06	7.33±2.04	7.29±1.89
	自身观点确信度	8.49±2.51	8.81±2.61	8.77±2.44	8.54±2.67	9.06±2.53	8.39±2.55
	外在评价遵从度	10.21±3.47	9.44±3.47	10.05±3.29	9.61±3.66	10.62±3.83	9.32±3.16

表 3-25　高中生学业错误观的城乡、年级与性别差异分析（F 值）

因子		城乡（A）	年级（B）	性别（C）	A＊B	A＊C	B＊C	A＊B＊C
应然观	错误价值认知	0.472	0.930	1.233	0.117	0.208	0.232	1.289
	错误情感体验	3.289	1.565	0.529	0.419	0.528	9.868**	0.555
	对错误的归因	0.536	0.270	0.068	0.915	0.356	0.704	0.501
	错误容忍度	4.286*	0.245	0.247	0.175	0.004	0.785	0.382
	自身观点确信度	1.463	0.531	0.845	0.002	0.420	0.876	0.429
	外在评价遵从度	4.487*	0.971	7.490**	2.715	1.583	0.240	0.008
实然观	错误价值认知	0.906	4.023*	1.447	1.747	0.008	0.667	0.002
	错误情感体验	2.055	2.242	1.376	0.019	0.022	6.077*	0.024
	对错误的归因	0.002	2.102	0.831	0.163	1.463	0.848	0.441
	错误容忍度	0.314	0.567	0.010	0.008	0.275	0.100	0.759
	自身观点确信度	0.666	0.499	2.924	0.738	0.061	0.074	0.476
	外在评价遵从度	3.088	1.704	6.276*	2.631	0.935	0.001	0.209

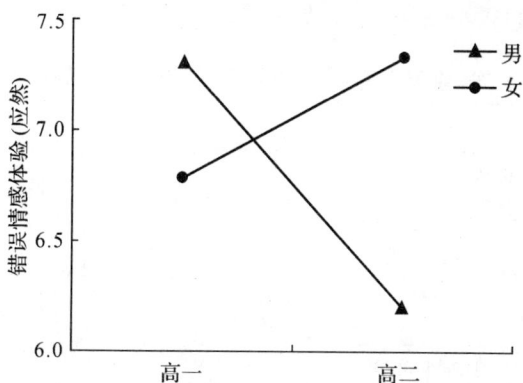

图 3-18 高中生应然观"错误情感体验"因子的性别与年级交互作用

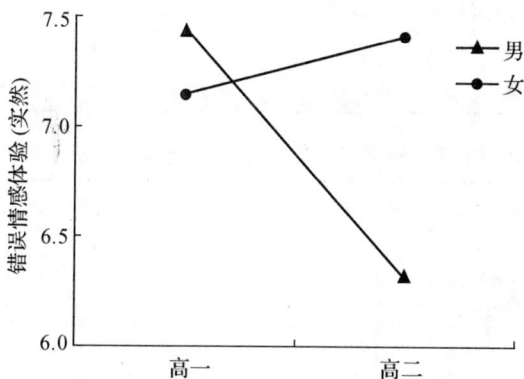

图 3-19 高中生实然观"错误情感体验"因子的性别与年级交互作用

(二)高中生学业错误应对方式的性别、城乡与年级差异分析

高中生学业错误应然应对方式与实然应对方式的测量结果如表3-26所示。对高中生学业错误应然应对方式与实然应对方式的各个因子进行 2(性别)×2(城乡)×2(年级)方差分析,结果如表 3-27 所示。由表中可以看出,应然应对方式的"解决问题"因子、"消极情绪"因子与"积极情绪"因子,实然应对方式的"消极情绪"因子均存在显著的城乡差异,且均为城镇学生的得分显著高于农村学生;实然应对方式的"积极情绪"因子的年级差异显著,且高二学生的得分显著高于高一学生;应然应对方式的"解决问题"因子存在显著的性别差异,女生的得分显著高于男生;应然应对方式与实然应对方式的"逃避错误"因子也均存在显著的性别差

异,且均为男生的得分显著高于女生;其余的差异均不显著($p>0.05$)。

表 3-26　高中生学业错误应对方式的测量结果(M±SD)

因子		城乡		年级		性别	
		城镇	农村	高一	高二	男	女
应然应对方式	解决问题	29.72±8.30	25.71±8.37	28.04±8.47	27.41±8.66	26.05±7.94	28.77±8.78
	逃避错误	12.75±4.94	13.35±4.53	12.86±4.59	13.23±4.89	14.60±4.80	12.07±4.44
	消极情绪	7.82±2.32	7.11±2.06	7.58±2.28	7.36±2.15	7.62±2.15	7.37±2.26
	积极情绪	8.94±1.96	8.20±1.79	8.42±1.82	8.71±1.99	8.59±1.89	8.56±1.93
实然应对方式	解决问题	14.45±3.99	13.39±3.65	13.72±3.57	14.10±4.10	14.10±4.00	13.80±3.77
	逃避错误	11.71±3.09	11.45±3.17	11.51±2.90	11.64±3.33	12.31±3.26	11.12±2.96
	消极情绪	7.49±2.04	6.94±1.92	7.35±1.99	7.09±2.01	7.13±1.97	7.27±2.02
	积极情绪	7.83±1.88	7.55±1.82	7.46±1.75	7.91±1.92	7.92±1.91	7.55±1.80

表 3-27　高中生学业错误应对方式的城乡、年级与性别差异分析(F 值)

因子		城乡(A)	年级(B)	性别(C)	A＊B	A＊C	B＊C	A＊B＊C
应然应对方式	解决问题	10.733＊＊	0.324	4.056＊	0.166	0.126	0.846	0.425
	逃避错误	0.129	0.012	15.922＊＊	2.157	0.205	0.093	1.988
	消极情绪	7.940＊＊	2.180	1.195	0.307	1.768	3.032	0.123
	积极情绪	5.403＊	1.263	0.027	1.221	0.197	0.001	1.763
实然应对方式	解决问题	3.392	0.196	0.102	2.563	0.002	0.411	0.290
	逃避错误	0.421	0.002	7.214＊＊	1.090	0.041	0.147	0.266
	消极情绪	4.772＊	1.683	0.002	0.028	0.004	2.040	1.148
	积极情绪	0.203	4.049＊	0.721	1.365	1.690	1.283	0.331

(三)高中生父母教养方式的性别、城乡与年级差异分析

高中生父母教养方式的测量结果如表 3-28 所示。对高中生父母教养方式的各个因子进行 2(性别)×2(城乡)×2(年级)方差分析,结果如表 3-29 所示。由表中可以看出,母亲教养方式的"过干涉过保护"因子的性别差异非常显著,男生的得分显著高于女生;父亲教养方式的"拒绝否认"因子的城乡与年级交互作用显著(如图 3-20);母亲教养方式的"情感

温暖理解"因子的年级与性别交互作用(如图 3-21),以及城乡、年级与性别交互作用均显著;其余的差异均不显著($p>0.05$)。

表 3-28　高中生父母教养方式的测量结果(M±SD)

因子		城乡		年级		性别	
		城镇	农村	高一	高二	男	女
父亲教养方式	情感温暖理解	47.07±9.39	45.60±10.37	45.41±9.78	47.21±9.97	47.17±9.99	45.81±9.84
	惩罚严厉	21.22±4.52	21.19±6.31	21.23±6.11	21.17±4.84	22.10±5.92	20.64±5.13
	过分干涉	19.28±4.46	19.38±4.39	19.16±4.54	19.48±4.30	20.06±4.32	18.86±4.42
	拒绝否认	10.07±3.12	10.16±3.61	9.95±3.21	10.27±3.52	10.87±3.47	9.64±3.22
	过度保护	11.50±2.39	11.24±2.44	11.09±2.34	11.63±2.46	11.78±2.46	11.10±2.35
母亲教养方式	情感温暖理解	49.86±10.12	48.47±10.58	47.60±9.52	50.63±10.91	50.10±9.85	48.57±10.65
	过干涉过保护	35.38±7.20	35.58±6.31	34.54±6.39	36.37±7.00	37.55±6.13	34.18±6.83
	拒绝否认	13.84±4.52	14.25±4.83	14.05±4.80	14.04±4.56	14.76±4.59	13.60±4.68
	惩罚严厉	16.51±3.39	17.09±4.40	16.85±3.86	16.75±4.01	17.56±3.96	16.31±3.85

表 3-29　高中生父母教养方式的城乡、年级与性别差异分析(F 值)

因子		城乡(A)	年级(B)	性别(C)	A*B	A*C	B*C	A*B*C
父亲教养方式	情感温暖理解	1.893	0.517	1.363	0.957	0.013	1.293	1.695
	惩罚严厉	0.048	0.001	2.526	0.752	0.710	0.120	0.239
	过分干涉	0.277	0.386	2.358	0.124	0.395	0.394	2.870
	拒绝否认	0.339	0.369	3.835	6.495*	1.842	0.081	1.252
	过度保护	0.779	1.072	3.440	0.036	0.006	0.876	0.117
母亲教养方式	情感温暖理解	2.887	1.207	1.887	1.413	0.591	4.767*	4.605*
	过干涉过保护	0.054	2.267	9.574**	0.524	0.113	0.050	0.186
	拒绝否认	1.083	0.002	1.820	2.181	3.242	0.211	1.183
	惩罚严厉	1.705	0.004	3.486	1.130	1.137	0.293	0.101

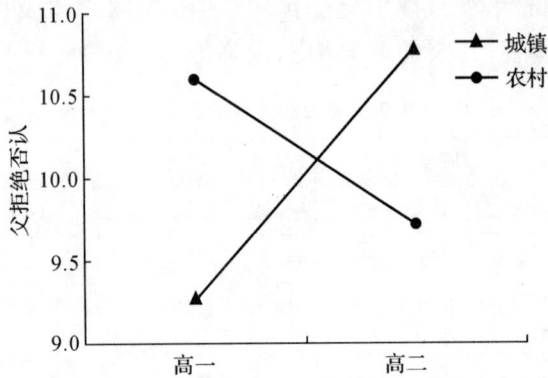

图 3-20　高中生父亲教养方式"拒绝否认"因子的城乡与年级交互作用

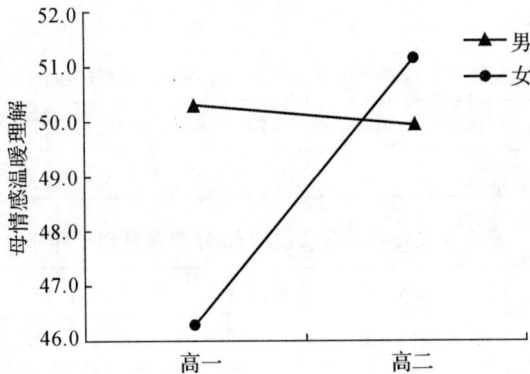

图 3-21　高中生母亲教养方式"情感温暖理解"因子的年级与性别交互作用

（四）高中生父母教养方式与学业错误观及其应对方式的关系

参照图 3-1 的假设，构建高中生父母教养方式与学业错误观及其应对方式的关系模型，如图 3-22 所示。经 Amos 分析，其拟合结果如表 3-30所示，结果表明模型适配良好。

表 3-30　高中生父母教养方式与学业错误观及其应对方式关系模型的适配指标

CMIN/DF	GFI	AGFI	NFI	RFI	IFI	TLI	CFI	RMSEA
1.594	0.865	0.810	0.876	0.838	0.950	0.933	0.949	0.053

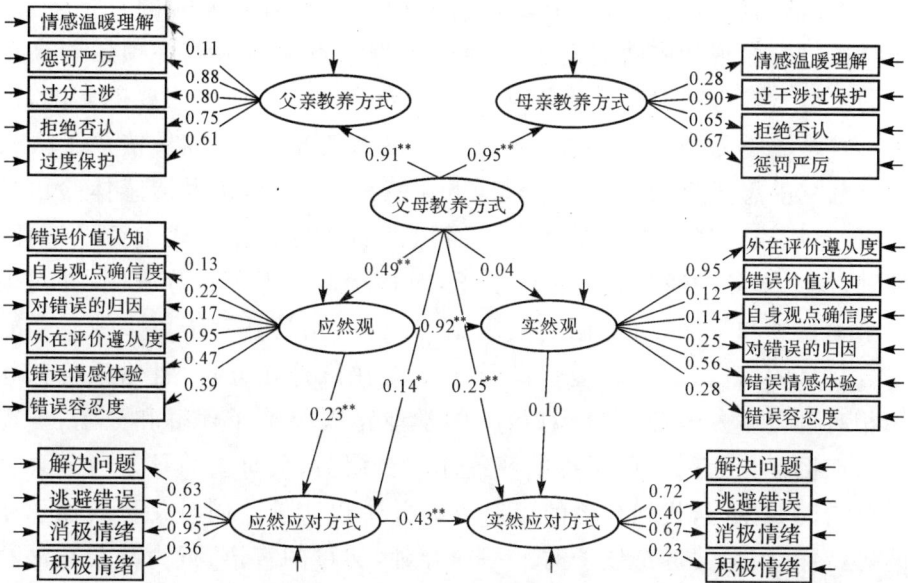

图 3-22　高中生父母教养方式与学业错误观、学业错误应对方式的关系模型

四、讨论

本研究发现,母亲教养方式的"过干涉过保护"因子存在显著的性别差异,相对于女生,男生更多地感受到来自母亲的过度干涉和保护。这与以往的研究是一致的(芦朝霞,2005;闫淑华,2008)。究其原因,首先男生与女生的性格特点是不一样的。男生活泼好动、顽皮、淘气,喜欢涉险以及破坏规则,容易引起父母的负性反应;而女生生性文静、温柔、贤良、善解人意、中规中矩,因而更容易得到父母的关爱。其次源于亲子不同的互动方式,即男生和女生对于父母行为反应的应对方式不同。很多男生在犯错误受到父母的惩罚后,依然淘气、顽皮和反抗,父母因惩罚效果不明显,加大惩罚力度,从而导致更多的负性行为;而女孩比较乖顺,犯错误较少,即使犯错误受到父母惩罚后也基本服从、很少反抗(周薇,2012)。最后父母教养方式受传统文化的影响。古语说"棍棒出孝子",大部分父母都期望男生有更高的社会成就,并对他们要求更为严格,特别是在学业和事业方面,而相对女生的培养则是贤良淑德,比较宽松,更期待女生有个平稳的生活,稳定的工作,而不是一番大事业。

本研究表明,父母教养方式对实然应对方式有着显著的直接效应,同时通过应然观和应然应对方式间接影响实然应对方式。预示着高中生的父母教养方式对高中生学业错误观和应对方式产生主要的影响,从而影响学生学习质量。例如,不恰当的父母教养方式,容易使孩子失去自己独立的思想以及缺少关爱等,更在意外在评价,错误情感体验也较多,但是错误价值认知相对较少。而积极的父母教养方式主要以信任、鼓励自立、平等沟通的态度对待孩子,对孩子监督但不过分限制,并对他们给予指导和帮助,对他们的要求适当反应,尤其是对于更多地感受到来自父母的信任、关心与爱护的孩子不太在意外在评价,且错误价值认知相对也较多。因此,父母对孩子的学业错误要给予理解和鼓励,不能一味地批评与惩罚。在面对各种各样的错误时,父母要与孩子一起理性分析错误的原因,找到合适的应对策略并予以实施。同时父母要做孩子的好榜样,因为父母是孩子的第一任导师,父母的言语、行为都会在潜移默化中影响孩子。而孩子的习惯是从小习得的,童年期的经验也会影响孩子的成长,所以父母要起良好的示范作用。父母积极正向评价孩子,帮助孩子战胜错误,要让孩子明白错误是无处不在、无时不在的,重要的是如何面对错误。父母也要让孩子学会自助,学会自己超越错误,而不是完全在父母的帮助下进行学习,而且不仅将错误应用于学习中也可运用在平时的生活中。

五、结论

1. 高中生学业错误应然观直接影响学业错误实然观,并通过应然应对方式间接影响实然应对方式。

2. 父母教养方式对实然应对方式有着显著的直接效应,同时通过应然观和应然应对方式间接影响实然应对方式。

第五节　高中生学业错误观与心理健康的关系研究

一、研究目的

本研究通过探讨学业错误观与心理健康的关系,了解和探索高中生对错误的认识以及应对错误的态度和方法,以便学生充分认识自己,树立积极的学业错误观,也便于教师掌握学生应对错误时的心理状态,然后对症下药,提高教师的教学质量和学生的学习质量;同时也为研究心理健康提供一条新的研究路径。

二、研究方法

(一)研究对象

在浙江省某市选取两所普通高中,共发问卷 585 份,回收问卷 540 份,其中有效问卷 385 份,有效回收率为 65.81%;其中高一学生 233 人(男生 93 人,女生 140 人),高二学生 152 人(男生 67 人,女生 85 人)。

(二)研究工具

1. 中学生学业错误观问卷

该问卷包含中学生学业错误应然观和中学生学业错误实然观两个分问卷。

《中学生学业错误应然观分问卷》由 23 个题项 6 个因子构成,分别是:错误价值认知(5 题)、自身观点确信度(4 题)、对错误的归因(4 题)、外在评价遵从度(4 题)、错误情感体验(3 题)和错误容忍度(3 题)。量表采用 4 级评分,"1"表示"完全不符合","2"表示"基本不符合","3"表示"基本符合","4"表示"完全符合"。初中生的累计方差解释率达 57.322%,高中生的累计方差解释率达 65.477%;验证性因素分析和模型稳定性分析均表明模型适配良好;各因子的同质性信度为 0.702～0.887,具有良好的构念效度。

《中学生学业错误实然观分问卷》也由 23 个题项 6 个因子构成,分别是:错误价值认知(4 题)、自身观点确信度(4 题)、对错误的归因(4 题)、外在评价遵从度(5 题)、错误情感体验(3 题)和错误容忍度(3 题)。量表采用 4 级评分,"1"表示"完全不符合","2"表示"基本不符合","3"表示"基本符合","4"表示"完全符合"。初中生的累计方差解释率达 56.505%,高中生的累计方差解释率达 62.050%;验证性因素分析和模型稳定性分析均表明模型适配良好;各因子的同质性信度为 0.644~0.835,具有良好的构念效度。

2. 高中生学业错误应对方式问卷

该问卷包含高中生学业错误应然应对方式和高中生学业错误实然应对方式两个分问卷。

《高中生学业错误应然应对方式分问卷》由 23 个题项 4 个因子构成,分别是:解决问题(10 题)、逃避错误(7 题)、消极情绪(3 题)和积极情绪(3 题)。量表采用 4 级评分,"1"表示"从不如此","2"表示"偶尔如此","3"表示"经常如此","4"表示"总是如此"。累计方差解释率达 67.267%;验证性因素分析和模型稳定性分析均表明模型适配良好;各因子的同质性信度为 0.688~0.952,具有良好的构念效度。

《高中生学业错误实然应对方式分问卷》由 18 个题项 4 个因子构成,分别是:解决问题(7 题)、逃避错误(5 题)、消极情绪(3 题)和积极情绪(3 题)。量表采用 4 级评分,"1"表示"从不如此","2"表示"偶尔如此","3"表示"经常如此","4"表示"总是如此"。累计方差解释率达 58.654%;验证性因素分析和模型稳定性分析均表明模型适配良好;各因子的同质性信度为 0.692~0.860,具有良好的构念效度。

3. 中学生心理健康量表

该量表由中国科学院心理研究所王极盛教授于 1997 年编制。它由 60 个项目 10 个因子组成:强迫症状、偏执、敌对、人际关系敏感与紧张、抑郁、焦虑、学习压力感、适应不良、情绪不稳定和心理不平衡。每个因子由 6 个项目组成。量表按 5 点记分,其中"从无"记 1 分,"轻度"记 2 分,"中度"记 3 分,"偏重"记 4 分,"严重"记 5 分。量表总均分反映心理健康总体状况,总量表与分量表的得分越高,表示所反映被试心理健康的问题越大。量表总均分低于 2 分表示心理健康总体上良好,总均分在 2～2.99 分之间表示心理健康总体上存在轻度问题,总均分在 3～3.99 分之间表示心理健康存在中等程度问题,总均分在 4～4.99 分之间的表示心理健康在总体上存在较重问题,总均分 5 分表示心理健康存在严重问题。量表的同质性信度为 0.650～0.856,分半信度为 0.634～0.840,重测信度为 0.716～0.905。

(三)研究过程

以被试所在班级为单位,由受过培训的高年级本科生担任主试,通过统一的指导语集体施测。所有数据均采用 SPSS V17.0 和 Amos V17.0 进行统计分析。

三、研究结果

(一)高中生学业错误观的年级与性别差异分析

高中生学业错误应然观与实然观的测量结果如表 3-31 所示。对高中生学业错误应然观与实然观的各个因子进行 2(性别)×2(年级)方差分析,结果如表 3-32 所示。由表中可以看出,应然观的"错误价值认知"、"对错误的归因"、"外在评价遵从度"、"错误情感体验"、"错误容忍度"等因子,实然观的"外在评价遵从度"、"对错误的归因"、"错误情感体验"、"错误容忍度"等因子的年级差异均显著,且均为高一学生的得分显著高于高二学生;应然观的"错误价值认知"因子、实然观的"对错误的归因"因子与"错误情感体验"因子的性别差异显著,男生的得分显著低于女生;应然观的"外在评价遵从度"因子,实然观的"外在评价遵从度"因子与"自身观点确信度"因子的性别差异显著,男生的得分显著高于女生;应然观与实然观的"错误价值认知"因子的年级与性别交互作用均显著,如图 3-23、图 3-24 所示;其余的差异均不显著($p > 0.05$)。

表 3-31　高中生学业错误观的测量结果(M±SD)

因子		年级		性别	
		高一	高二	男	女
应然观	错误价值认知	16.82±2.29	16.13±2.81	16.09±2.68	16.87±2.36
	自身观点确信度	8.97±3.52	9.65±3.02	9.31±3.49	9.18±3.25
	对错误的归因	12.32±2.21	11.11±2.49	11.61±2.48	12.00±2.33
	外在评价遵从度	8.86±3.35	7.63±2.93	8.97±3.24	7.96±3.19
	错误情感体验	7.48±2.23	6.79±2.21	7.08±2.18	7.29±2.29
	错误容忍度	8.79±2.37	7.53±2.46	8.30±2.44	8.29±2.51
实然观	外在评价遵从度	10.90±3.57	9.99±3.46	11.08±3.49	10.15±3.55
	错误价值认知	12.41±2.05	12.37±2.00	12.23±2.04	12.51±2.01
	自身观点确信度	8.49±2.97	9.15±2.60	9.31±2.96	8.36±2.70
	对错误的归因	12.12±2.14	11.14±2.36	11.33±2.42	12.02±2.12
	错误情感体验	7.62±2.15	6.97±2.09	6.97±2.12	7.64±2.12
	错误容忍度	7.92±2.08	7.26±2.03	7.60±2.18	7.71±2.02

表 3-32　高中生学业错误观的年级与性别差异分析(F 值)

因子		年级	性别	年级 * 性别
应然观	错误价值认知	9.078**	12.732**	13.862**
	自身观点确信度	3.114	0.005	1.033
	对错误的归因	26.175**	2.889	3.392
	外在评价遵从度	14.796**	9.687**	0.075
	错误情感体验	9.241**	0.838	1.174
	错误容忍度	24.995**	0.022	0.273
实然观	外在评价遵从度	6.298*	6.952**	0.072
	错误价值认知	0.216	3.012	4.838*
	自身观点确信度	3.429	7.800**	2.121
	对错误的归因	18.671**	10.005**	3.469
	错误情感体验	8.924**	9.925**	1.884
	错误容忍度	9.099**	0.126	0.042

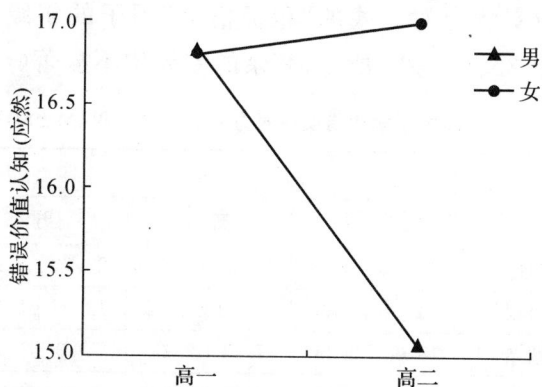

图 3-23 高中生应然观"错误价值认知"因子的年级与性别交互作用

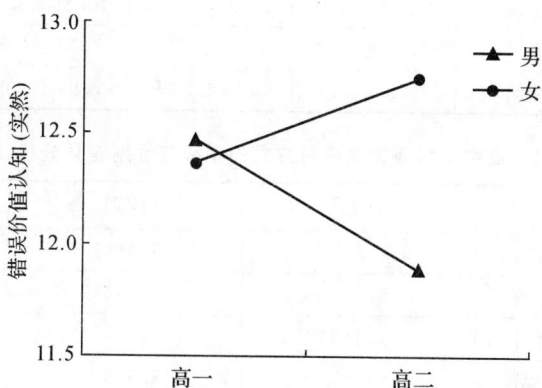

图 3-24 高中生实然观"错误价值认知"因子的年级与性别交互作用

(二)高中生学业错误应对方式的年级与性别差异分析

高中生学业错误应然应对方式与实然应对方式的测量结果如表3-33所示。对高中生学业错误应然应对方式与实然应对方式的各个因子进行 2(性别)×2(年级)方差分析,结果如表 3-34 所示。由表中可以看出,应然应对方式的"消极情绪"因子、实然应对方式的"逃避错误"因子与"消极情绪"因子的年级差异显著,且均为高一学生的得分显著高于高二;实然应对方式的"解决问题"因子的年级差异显著,且高一学生的得分显著低于高二;应然应对方式的"解决问题"因子、实然应对方式的"消极情绪"因子的性别差异均显著,且男生的得分显著低于女生;应然应对方式的"逃避错误"因子的性别差异显著,且男生的得分显著高于女生;

应然应对方式与实然应对方式的"积极情绪"因子的年级与性别交互作用均显著,如图3-25、图3-26所示;其余的差异均不显著($p>0.05$)。

表 3-33　高中生学业错误应对方式的测量结果($M \pm SD$)

因子		年级		性别	
		高一	高二	男	女
应然应对方式	解决问题	29.45±8.76	28.35±8.39	27.77±8.25	29.91±8.79
	逃避错误	12.20±5.06	12.01±4.32	13.47±5.25	11.16±4.15
	消极情绪	8.00±2.38	7.14±2.23	7.63±2.36	7.69±2.35
	积极情绪	8.85±2.13	8.86±2.23	8.66±2.21	8.99±2.13
实然应对方式	解决问题	13.08±3.88	14.57±4.38	13.92±4.59	13.47±3.79
	逃避错误	11.13±3.27	10.36±2.79	10.88±3.15	10.78±3.08
	消极情绪	7.82±2.13	7.20±1.94	7.23±2.05	7.82±2.06
	积极情绪	7.75±2.07	8.13±2.05	7.94±2.03	7.87±2.10

表 3-34　高中生学业错误应对方式的年级与性别差异分析(F 值)

因子		年级	性别	年级＊性别
应然应对方式	解决问题	1.225	5.411*	0.015
	逃避错误	0.448	21.582**	0.072
	消极情绪	12.169**	0.008	0.000
	积极情绪	0.065	3.576	5.482*
实然应对方式	解决问题	10.587**	0.441	0.982
	逃避错误	5.666*	0.173	0.010
	消极情绪	7.919**	7.193**	0.099
	积极情绪	2.043	0.027	4.688*

(三)高中生心理健康的年级与性别差异分析

高中生心理健康问题检出情况如表 3-35 所示。从表中可以看出,心理健康良好和存在轻度问题的学生比例为 84.61%,存在中等程度以上问题的学生比例为 15.39%,表明从总体上,高中生的心理健康状况良好。高中生心理健康的测量结果如表 3-36 所示。对高中生心理健康的各个因子进行 2(性别)×2(年级)方差分析,结果如表 3-37 所示。由表中可以看出,量表总均分、"焦虑"因子与"适应不良"因子的年级差异均显著,且均为高一学生的得分显著高于高二学生;"抑郁"因子与"焦虑"因子的性别差异均非常显著,且女生的得分均显著高于男生;"焦虑"因子的年级与性别交互作用显著,如图 3-27 所示。其余的差异均不显著($p>0.05$)。

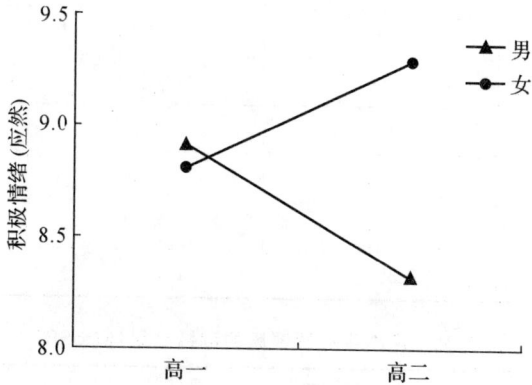

图 3-25　高中生应然应对方式"积极情绪"因子的年级与性别交互作用

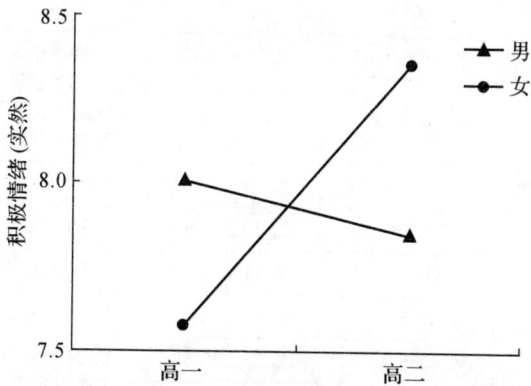

图 3-26　高中生实然应对方式"积极情绪"因子的年级与性别交互作用

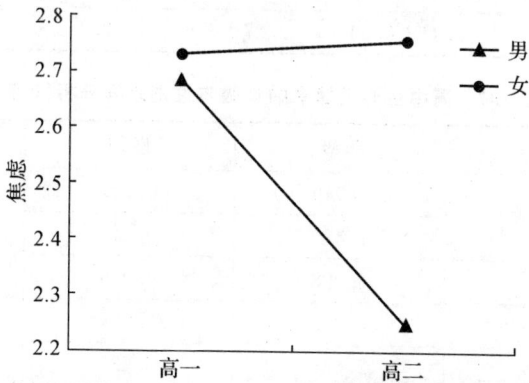

图 3-27　高中生心理健康"焦虑"因子的年级与性别交互作用

表 3-35　高中生心理健康问题检出情况

	频数(人)	频率(%)	有效频率(%)
良　好	115	29.87	31.59
轻度问题	193	50.13	53.02
中等程度问题	50	12.99	13.74
较重问题	6	1.56	1.65
严重问题	0	0.00	0.00
未作答	21	5.45	/
合　计	385	100.00	/

表 3-36　高中生心理健康的测量结果(M±SD)

因子	年级		性别	
	高一	高二	男	女
强迫症状	2.38±0.65	2.41±0.65	2.39±0.68	2.39±0.63
偏执	2.18±0.81	2.09±0.75	2.17±0.83	2.12±0.76
敌对	2.03±0.81	2.04±0.87	2.03±0.81	2.04±0.84
人际关系敏感与紧张	2.40±0.80	2.29±0.79	2.37±0.83	2.34±0.77
抑郁	2.38±0.88	2.25±0.82	2.19±0.85	2.43±0.85
焦虑	2.71±0.97	2.54±0.98	2.51±1.00	2.74±0.95
学习压力感	2.81±0.87	2.65±0.83	2.70±0.92	2.79±0.81
适应不良	2.42±0.67	2.25±0.69	2.31±0.76	2.38±0.62
情绪不稳定	2.67±0.78	2.59±0.76	2.68±0.83	2.61±0.73
心理不平衡	1.99±0.68	1.91±0.58	1.99±0.71	1.93±0.59
量表总均分	2.41±0.63	2.27±0.62	2.34±0.68	2.37±0.59

表 3-37　高中生心理健康的年级与性别差异分析(F 值)

因子	年级	性别	年级 * 性别
强迫症状	0.040	0.051	1.462
偏执	1.379	0.340	0.459
敌对	0.008	0.096	1.627
人际关系敏感与紧张	2.353	0.001	3.843
抑郁	2.666	8.630**	2.256

续表

因子	年级	性别	年级＊性别
焦虑	4.023*	7.367**	5.086*
学习压力感	2.638	0.529	0.786
适应不良	5.049*	0.546	0.156
情绪不稳定	1.664	0.307	3.602
心理不平衡	1.603	0.655	0.640
量表总均分	4.814*	0.533	1.742

（四）高中生学业错误观及其应对方式与心理健康的关系

参照图 3-1 的假设,构建高中生学业错误观及其应对方式与心理健康的关系模型,如图 3-28 所示。经 Amos 分析,其拟合结果如表 3-38 所示,结果表明模型拟合良好。

表 3-38　高中生学业错误观及其应对方式与心理健康关系模型的适配指标

CMIN/DF	GFI	AGFI	NFI	RFI	IFI	TLI	CFI	RMSEA
1.793	0.814	0.765	0.806	0.771	0.904	0.884	0.901	0.066

四、讨论分析

从本研究的结果看,高中生学业错误观的年级差异与前文的研究结果相差较大,随着年级的升高,高中生对于错误价值的看法变得消极,对于错误的原因追溯从内归因偏向外归因,对别人的评价越来越不在意,对于犯错误时的消极情绪降低,并且对学业错误的发生采取更宽容的态度。产生这种现象的原因可能有以下几点:(1)习得性无助。对于某些成绩一直不理想的学生,很容易产生习得性无助感。由于较少获得成功体验,对于错误又无计可施,久而久之对于错误的价值就看得越来越消极,而对于错误的发生也感到习以为常。(2)自我效能感降低。随着年级的升高,学业难度不断加深,在学习过程中所犯的错误和频率也不断增加,这使学生感到成功完成学业任务比较困难。(3)合理化。为了保护自己,在自己犯错误时将原因归结为外部原因等不确定因素,对错误采取宽容态度,可以给自己的错误提供一个合理的解释,以此减少犯错

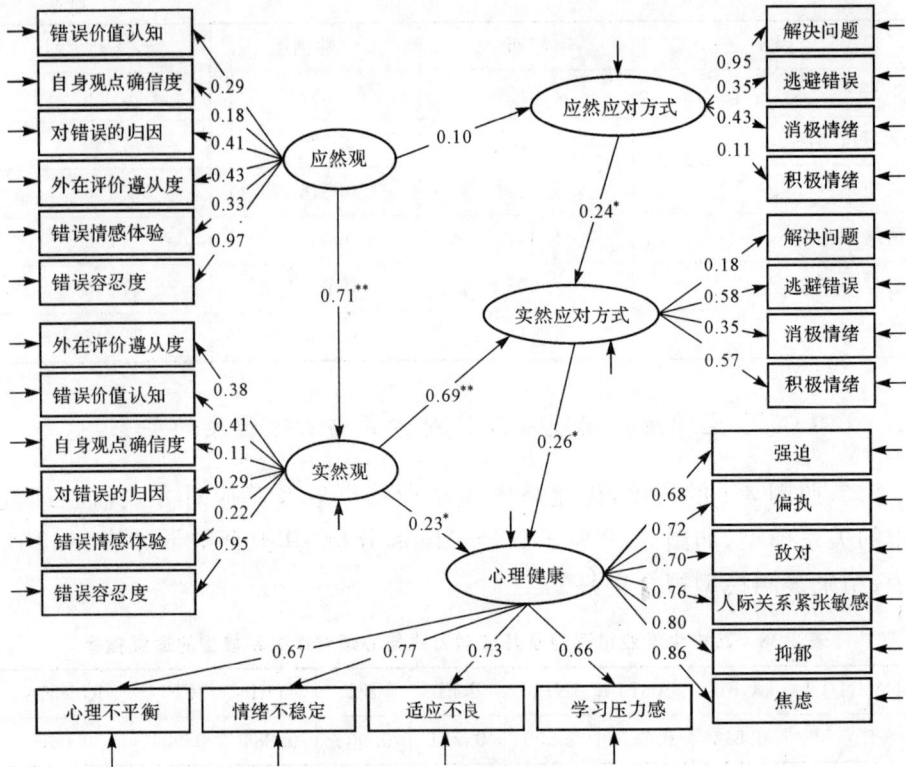

图 3-28   高中生学业错误观、学业错误应对方式与心理健康的关系模型

误时的焦虑不安以及消极情绪。在此过程中,学生对于错误的价值认知自然而然便减少了。

从研究结果可以看出,女生更能充分认识到错误的价值,并且在发生错误时,女生更偏向对错误作内归因,更容易产生消极情绪。这个结果与 Matlin 的研究结果相似。Maltin(1987)在研究中发现,相比于男性,在对错误进行归因时,女性更倾向于将错误归结为能力问题。当女性把错误归结为稳定的内部原因时往往会感觉到错误的不可改变性,因此很容易产生消极的情绪。而男生则表现出一对矛盾,一方面对自己的观点很确信,另一方面又表现出很在意外在的评价。产生这种现象的原因可能与这一时期的自我意识发展有关。高中生正处于叛逆期,尤其是男生的反叛心理更甚,他们认为应该相信自己的观点。但是这个时期的男生在心理成熟度上还是不够的,因此还是需要参照外在的评价。

研究表明,高一学生的焦虑与适应不良得分显著高于高二学生。产生这种现象的原因可能是高一学生存在新生适应问题。而随着年级的升高,学生逐渐适应学校的生活、老师的教学方法,能够更好地融入群体之中,并且焦躁、紧张、害怕等情绪反应有了显著的改善。同时,研究表明女生的抑郁和焦虑得分显著高于男生,表明女生在学习过程中更容易感到学习的枯燥乏味,因学业繁忙感到无精打采,并且更易产生烦躁、紧张、心神不定等焦虑情绪。产生上述现象原因可能有以下几点:(1)男女生性格不同。女生的情感比男生更敏感细腻,人际关系、学业成绩上的变动更容易对女生产生影响。(2)男生喜动,女生喜静,女生在课余时间用来活动的时间比男生少,而且喜欢进行一些比较安静的活动。长时间高强度的学习容易使人产生抑郁、焦虑的情绪,而男生好动,在活动过程中可以缓解学习压力。

研究表明,学业错误应然观通过实然观与实然应对方式间接影响高中生的心理健康,应然应对方式也通过实然应对方式间接影响高中生的心理健康。我们知道,在现代教育的熏陶下,高中生逐步树立起错误意识,认识到错误的价值,认识到应该从错误中总结和反思。他们认识到积极面对错误的重要性。在学生的观念中,他们认为自己在面对错误的时候不会倾向于逃避,而是积极去解决问题。现代学生自我意识发展越来越好,他们很注重自我的感受,有主见,有思想,有自己独立的想法和信念。当面对学业中出现的问题时,他们更倾向于自己思考,自己总结,自己反思,自己去寻找可能的原因。学生认为自己能够认识到错误的价值并寻找产生错误的原因,自然,对于外在的评价,他们更倾向于批判与排斥,不愿接受,不能遵从。同时,高中生正处于埃里克森人格发展八阶段理论所指的第五阶段——"同一性获得"对"同一性混乱"时期,他们时时刻刻在思考自己是谁,自己要去哪里,自己要做什么。进入青年期,新的社会冲突和新的社会要求使得高中生变得混乱,他们面临生理、心理和社会的成熟,必须主动收集信息,思考与分析所有他已掌握的信息,确定自我的生活策略,进行人生选择。这个时期的学生往往认为什么都要自己思考,都要听自己的。但在之前,在进入中学阶段之前,学生获得的绝大多数信息都是来源于父母、老师与周围伙伴。他们对于这些信息的判断能力比较弱,往往选择全盘接受,并以此建立自己的价值体系(张林、张向葵,2003)。所以,他们表现出来特别崇拜父母和老师,凡是老师的话都是对的,因为是一套在他人干预下建立的价值体系在指挥着他们的行动。但进入高中之后情况发生了骤变,学生心理发展转向对立面,他们开始怀疑他人,怀疑周边,怀疑世界。他们开始认为只有自己才是对的,只有自己才能帮自己,所以进入中学阶段之后,尤其是高中之后,学生对外在充满了怀疑,很难再去遵从外在的、现成的价值体系,在学业领域表现为学生在对待错误的时候,无论是自己的想法还是表现在实际的行动中,他们都认为自己能认识到错误的价值,认为自己能对错误进行良好的归因,对外界评价的遵从度自然有所降低(张学民、雷飞雪、胡次青,2001)。

五、结论

1. 高中生的心理健康状况良好。

2. 随着年级的升高,高中生对于错误价值的看法变得消极,对于错误的原因追溯从内归因偏向外归因,对别人的评价越来越不在意,对于犯错误时的消极情绪降低,并且对学业错误的发生采取更宽容的态度。

3. 女生比男生更能充分认识到学业错误的价值,面对错误时更容易产生消极的情绪,并且更倾向于把错误的发生归结为自身原因;在学习过程中更容易感到学习的枯燥乏味,因学业繁忙感到无精打采,并且更易产生烦躁、紧张、心神不定等焦虑情绪。男生比女生更在意外在的评价。

4. 学业错误应然观通过实然观与实然应对方式间接影响高中生的心理健康,应然应对方式也通过实然应对方式间接影响高中生的心理健康。

第四章　中学生学业错误观的个案研究[①]

　　个案研究是通过对单一的研究对象进行深入具体的调查与认真细致的分析,来认识个案的现状或发展变化过程的研究方法(江芳、王国英,2009)。本研究通过观察法、访谈法收集中学生学业错误观相关资料,并加以分析整合,了解中学生学业错误观的现状及表现,从而更加全面深入地认识学生的学业错误观。在对中学生进行个案研究过程中,为避免罗森塔尔效应,保证研究结果的客观、正确,笔者从以下几个方面进行了努力:(1)在访谈过程,研究者尽量保持客观的态度,对被试的学业错误观不作任何评价;(2)从自身成长的角度对研究者自身的学业错误观进行剖析,以克服访谈过程中的投射效应;(3)访谈过程中,尽量使用不带感情色彩的中性词语。

第一节　小吴的案例

一、基本情况简介

(一)小吴的基本情况

　　小吴,男,1996年3月出生,就读于浙江省某市某重点中学初三年

[①]　为保护当事人的隐私,个案中所有人名皆为化名。

级。刚入中学不久,成绩一直中等的小吴就制订了考入某重点高中的计划,进入初二年级下学期后,他感到学习压力增大,学习兴趣减退,成绩也一直上不去,对自己的学业成绩一直不满意。

(二)家长对小吴学习的评价

学习很努力,态度较好,但学习方法可能有些问题,花了大量时间,做了许多习题,成绩却不理想。

(三)教师对小吴学习的评价

以科学为例,学习的时候挺认真,态度较好,但不善总结,有时老师讲过的题还会做错,并且这次错了下次多半还会错。老师跟他讲过这方面的问题,道理他都懂,但就是不改正,成绩一直在中等水平徘徊。

二、小吴的学业错误观

(一)学习是一场苦旅,学业错误是我必须攀过的一座高峰

第一次见到小吴,他显得很腼腆,不太爱说话,对自己的学习更是一字不提。多打了几次交道之后,他主动讲述了自己学习的一些情况。

小吴认为自己在学习中出现错误主要是因为上课不认真,注意力不集中和考试时不够细心造成的:"有时上课会分心,会去想一些其他事情,考试的时候也马虎,没有认真思考,因此有一些自己本来能做对的题也做错了。其实我也知道上课分心不好,但有时不知不觉上课就分心了。"不过小吴能看到错误的价值且对错误表现出了一定的容忍:"我也害怕在学习过程中犯错误,也会尽量避免犯错误,做错的题我都会重复地做几遍,争取以后不再做错。但学习过程中错误总是难免的,古人不是说过吗,'人非圣贤,孰能无过',因此错误不可怕,改正就好了。"但当小吴的妈妈指出其作业中做错并订正过的题在考试中还错时,小吴反驳道:"那都是些难题。"

谈到父母与老师对其学业错误的态度,小吴觉得父母比较理解他,因为在犯学业错误之后,父母知道他会很难过,一般不会再批评他;但老师却经常给他们上"政治课"。"我们的教师不能容忍我们在学习中犯

错,因为这会影响我们考取重点高中,每次考卷发下来,老师都会给我们上一堂'政治课'。那些道理其实我都懂,我也想在学习中少犯错误,考试中取得高分,但想的与实际的毕竟有一定的距离。""爸妈在我没考好之后,一般不会批评我,因为他们知道我也很难过,而是帮我找家庭教师辅导。"

对自己的学习成绩,小吴不太满意:"我也努力学习,爸妈还帮忙请了家教,周末还上了培训班,但成绩就是上不去,一直处于中等水平。有可能像爸妈说的,我的学习方法不对,但我也不知道应该怎么办?"

小吴是个在学业上特别上进的人。虽然对自己的学习成绩不太满意,但仍坚信,通过自己的努力,一定能够战胜学业错误,超越学业错误,达成自己的学业目标。"学习是一场苦旅,学业错误是我必须攀过的一座高峰。"这是小吴在其新笔记本的扉页写下的话。

(二)小吴在学业错误观问卷各维度上的得分情况

在多次与小吴就学业错误观进行交流之后,笔者让小吴完成了《中学生学业错误观问卷》。小吴学业错误应然观与实然观各因子的得分情况如表 4-1 所示。

表 4-1 小吴在学业错误观各维度上的得分情况

	错误价值认知	错误情感体验	对错误的归因	错误容忍度	自身观点确信度	外在评价遵从度
应然观	15	7	13	8	10	10
实然观	13	7	10	8	12	12

三、个案分析

通过与小吴多次的交谈,笔者发现小吴与大多数成绩一般的学生一样,其学业错误应然观是积极的、上进的。当面对学业错误时,他知道自己对学业错误应该持怎样的看法与态度,但学业错误应然观和实然观还是出现了某种程度的分离。当小吴母亲指出小吴作业中做错并订正过的题在考试中还错时,小吴对错误的归因马上转到了题目太难上。小吴自己也感觉到了学业错误应然观与实然观之间的分离,认为想的与实际的有一定的距离。通过对小吴的学业错误应然观与实然观进行测量,发现在错误价值认知、对错误的归因、自身观点确信度与外在评价遵从度方面,其应然观与实然观都存在一定程度的差异,这与笔者对小吴多次访谈的结果是基本吻合的。值得一提的是,在对小吴学业错误观、学业错误应对方式(包括应然应对方式与实然应对方式)了解的基础上,在研究人员、小吴、小吴父母、老师的共同努力下,小吴按照研究人员制定的学业错误应对策略进行了一个学期的矫正练习。在初三年级第一个学期学校组织的最后一次月考中,小吴的学业成绩进入班上前十名,成为班上进步最快的五个学生之一。

第二节 小梦的案例

一、基本情况简介

(一)小梦的基本情况

小梦,女,1997 年 12 月出生,就读于浙江省某市城郊中学初二年级。小梦学习勤奋,从小学开始学习成绩一直是学校年级段前十名,是典型的优等生。

(二)家长对小梦学习的评价

孩子从入学到现在学习都特别勤奋,喜欢看书,闲暇的时候经常自己去图书馆借书看。对于学习中出现的错误能够认真对待,并想办法弄懂。学习之余还经常参加学校的各种活动,性格开朗,爱好广泛。

(三)教师对小梦学习的评价

小梦聪明、勤奋,悟性高,自觉性好。上课时能积极、大胆地发言,按时完成作业,对作业或考试中的错误能及时订正。上个学期参加学校组织的数学竞赛,获得一等奖。

二、小梦的学业错误观

(一)学业错误——失败后的救赎

与小吴不同,小梦是个爱说爱笑的孩子,在与其打交道的第一天,我们就成了好朋友。

"学习中出现错误,那肯定是题目太难了,老师没讲过。"小梦对学业错误如此归因,"老师讲过的题目,我一般都不会做错的。"尽管小梦说自己很少犯学业错误,但其对学业错误的价值还是有比较清晰的认识,对学业错误也表现了一种应然的容忍度。"学业错误就是学业失败后的救赎,它告诉你,你对所学的知识掌握得还不够,你应该加强学习。具体就我自己来说,在作业或考试中出现错误之后,我会马上订正并把它抄到错题本上,且会再次复习它涉及的知识点,力求做到触类旁通,以保证不会再做错同种类型的题目。因此,错误并不可怕,只要改正就好了,学习不犯错误,那不成天才了?"

谈到父母与老师对其学业错误的态度,小梦沉默了一会:"学业错误多了,就考不上重点高中,父母与老师当然不会允许我学习退步,我自己也不允许(学习退步)。当然,有时超难的题目实在做不出来,那也没办法,父母与老师一般都会理解我的。况且没做出来的题,我都会记住,下次就能做出来了。"

对自己的学习成绩,整体上小梦还是比较满意的:"我现在学习还行,但不能骄傲,还要继续努力,这样将来才能考上清华、北大。"

就是这样一位爱说爱笑、学习优秀的女孩,在访谈时说到的最情绪激动的事情却是她声称并不可怕的学业错误。小梦的母亲说:"有一天晚上,她爸爸检查她的科学作业,发现其中的一道题错了,她爸爸立即指出,但孩子就是不承认,还说她们老师就是那样讲的,她没做错。不过第二天作业发回来,发现孩子交上去之前,已经把那道题给改正过来了。还有一次科学考试,小梦只考83分,郁闷的她几天都很少说话,害得我和她爸爸以为发生了什么事,后来给她班主任打电话才知道是考试没考好。"访谈中,与小梦说起这两件事,她沉默了一会,低声说:"前面那次,题目那么简单都做错了,感觉很丢人。后面那次是因为自己没考好,很伤心,感觉对不起老师,对不起父母。"尽管大家都知道失败是成功之母,错误并不可怕,但真正出现错误时,特别是较多的学业错误时,一些学习成绩优秀的孩子可能会出现更多的消极体验。

（二）小梦在学业错误观问卷各维度上的得分情况

在与小梦建立了良好的关系之后,笔者让小梦完成了《中学生学业错误观问卷》。小梦学业错误应然观与实然观各因子的得分情况如表4-2所示。

表 4-2　小梦在学业错误观各维度上的得分情况

	错误价值认知	错误情感体验	对错误的归因	错误容忍度	自身观点确信度	外在评价遵从度
应然观	13	6	10	7	8	11
实然观	11	9	9	10	8	12

三、个案分析

在与小梦的交流中,笔者发现在错误情感体验与错误容忍度方面,小梦的学业错误应然观与实然观存在较明显的分离现象。从应然的角度,她能认识到错误的学习与激励价值,也多次提到错误并不可怕,但其在学业中真正犯错时,却"很伤心,感觉很丢人"。在问卷中,笔者也发现了应然观与实然观的这种分离。因此,研究中学生的学业错误观,我们有必要进行应然观与实然观的区分,这样才更符合中学生的实际情况。

第三节　小芳的案例

一、基本情况简介

（一）小芳的基本情况

小芳,女,1999 年 1 月出生,就读于浙江省某市农村中学初一年级。小芳的爸妈都在外面做一些小生意,由于生意繁忙很少有时间关注小芳的学习。小芳是家里的独女,其大部分时间都是与文盲的爷爷、奶奶一起度过的。在小学五年级之前,小芳的学习成绩还中等偏上,但五年级之后,小芳的学习成绩开始下滑,现在基本上可以算是班上的后进生。

（二）家长对小芳学习的评价

孩子有点贪玩,没有养成良好的学习习惯,对学习没有什么兴趣,成绩也比较差。为她请过几个大学生家教,但效果都不太理想,下个月准备为她请在职老师家教,看看能不能提高成绩。

（三）教师对小芳学习的评价

小芳在学习上有点懒惰,作业总做不好,有时还会抄别的同学的作业。上课不太认真,学习态度有待端正。

二、小芳的学业错误观

（一）学业错误——无法摆脱的噩梦

开始与小芳接触,她一直回避谈学业错误问题,甚至连学习问题也不愿谈。在与她进行了几次深入交流之后,她才慢慢敞开心扉。

在五年级之前,小芳的成绩在班上也算中等偏上。然而从五年级开始学习成绩开始下滑:"我也不知道为什么,反正那个时候开始就觉得有许多题目做不出来,我爸妈生意忙,爷爷奶奶又不懂,于是我自己开始乱做,应付老师的检查。"小芳认为学习中出现错误主要是因为上课不认真,听不懂,对所学的知识不理解:"上数学课,有时听不懂老师讲了些什么,作业也就不知道做了。"当谈到错误的价值时,小芳表现得有点惊讶:"犯错也是好事?两年来,没几次作业我是全对的,学业错误天天有,都麻木了。"

小芳觉得父母与老师对其学业期望有点过高。"老师在我作业做错或考试没考好之后,给我讲一些大道理,其实那些我都懂,我自己也想考好,也想做个好学生,但学业错误就像无法摆脱的噩梦一样缠绕着我。""爸妈给我请了几个家庭教师,就是想让我的成绩好起来,但那些家庭教师讲课跟学校老师讲的一样,我还是听不太懂。唉!学业错误,我都麻木了!"不过小芳还是表现出了对老师与父母做法的理解:"谁不想自己的学生,自己的孩子成绩好呢?"

对于自己的学习成绩,小芳非常不满意,她在说了一句"学习成绩太差了,说起来丢人"之后,就一直沉默。

(二)小芳在学业错误观问卷各维度上的得分情况

在与小芳多次接触后,笔者让小芳完成了《中学生学业错误观问卷》。小芳学业错误应然观与实然观各因子的得分情况如表4-3所示。

表4-3   小芳在学业错误观各维度上的得分情况

	错误价值认知	错误情感体验	对错误的归因	错误容忍度	自身观点确信度	外在评价遵从度
应然观	10	7	12	8	11	12
实然观	10	7	10	7	12	9

三、个案分析

在经过与小芳的多次交谈这后,我们发现,长期的学业成绩不理想给小芳的学习带来了一些消极的影响,主要表现为:不能认识到学业错误的学习与激励价值,对自己在学习中的观点(答案)较不确信。在小芳的身上,我们感觉到学业错误应然观对实然观的重要影响,特别是在错误价值认识维度上,小芳没有从应然的角度上认识学业错误的价值,因此认为"学业错误天天有,都麻木了"。这与我们前面研究的结论是一致的。另外在外在评价遵从度方面,小芳表现出了应然观与实然观的一定程度的分离。她知道自己应该做父母眼中的"好女儿",教师眼中的"好学生",但在实际上她又说"学业错误,我都麻木了"。问卷中也发现了小芳在这些维度方面的相似现象,说明中学生学业错误的应然观对其实然观有重要影响,但同时应然观与实然观也有重要区别。

第五章 教育对策与研究展望

第一节 教育对策与建议

在研究中,笔者发现中学生学业错误观教育目前还处于真空状态,当学生面对学业错误时,我们的学校既缺少相关的引导,更缺少应对策略的培养。因此,笔者基于质性和量化的研究结果,提出针对中学生学业错误观的教育与干预对策。

一、政府与教育主管部门的对策与建议

(一)开设学习方法学课程,教会学生学会学习

学会学习已经提出许多年了,但到目前为止,教会学生如何学习的课程却没有设立,学校里也没有设立专门的学习方法指导课,致使许多学生不知道如何学习。美国教育学家詹姆斯·墨塞尔(James Mursell)指出,许多学生进入中学之后成绩很差,就是因为读不懂书中的意义,他们可以改进,他们也需要改进,但他们不知道如何改进(艾德勒、范多伦,2004)。因此教育相关部门有必要组织相关力量,对学习方法学进行深入研究,构建学习方法学的相关理论体系,并以此为指导设置适合中学生学习的学习方

法学课程,以帮助学生学会学习。学习方法学除了教给学生高效学习各种知识的方法外,还应该帮助学生树立积极的学业错误观,以帮助学生辨错、认错、治错、防错、化错(文清源,2009),从而战胜错误,超越错误。

(二)改革教育评价机制,打破一考定终身制度

目前我国的教育采用高考一考定终身制度,高考的这一特性致使众多教师与学生对学业错误充满了恐惧。"高考少一分,你就可能上不了大学(名牌大学)"是众多教师与家长教育孩子时常说的一句话。高考残酷的竞争下移到初中演变成为对重点高中的竞争。由于中考目前也是一种目标性评价且也由一考决定,它的这种指挥棒作用,致使学业错误具有了更多的消极意义。笔者从调查中发现,许多学生在认可错误价值的同时也表示了强烈的害怕学业错误的倾向,学生身上表现出来的这种矛盾的结果正是现在中学教育评价制度的真实写照。由于新课程改革的不断推进,教师一方面教育学生"错误并不可怕"、"犯错使人进步",另一方面,又不断地向学生灌输"不能在学业中犯错,犯了错你就可能考不上重点高中(或名牌大学)"。因此,有必要对现行的教育评价机制进行改革,打破高考(中考)一考定终身的制度。在高考(中考)的录取中适当结合过程性评价的结果,给学生更多的机会,这样学生就相对较容易树立积极、正面的学业错误观,形成健全的人格,促进身心健康、全面发展。

(三)加大投入,加强培训,改善教师的错误观,提高教师的错误培训能力

学生学业错误观的改善,学业错误分析能力的提升,需要教师有针对性地去培养,有计划、有步骤地去推进。因此,建立一个具有积极错误观与较强错误培训能力的教师队伍至关重要。有研究表明,目前教师对待学生学业错误的态度还没有达到新课标所倡导的水平,因此需要教师态度的转变。教师态度的转变可以通过教育培训,改善教师的错误观入手,让教师体会到学业错误对学生学习的积极意义,建立积极的错误观,并在平时的教学过程中,通过与学生的互动让学生也感受到学业错误的正向价值,从而于无声中改善学生的学业错误观。同时,教师还应提高错误培训能力,能基于学生的学业错误来作相关的学业培训,提高教育

教学的针对性和实效性。因此,教育主管部门要加大对学校的投入,使学校有财力让教师接受错误观的相关培训,从而更好地进行学业错误观教育。

二、学校的相关对策与建议

(一)树立榜样,培养学生积极的学业错误观

学业错误具有不可避免性。如何有效应对学业错误,使学生在错误中成长,在错误中进步成为摆在每一位教师面前的一道难题。班杜拉认为,学生具有模仿的天性,他们通过模仿别人来学习与发展自己。因此,教师应该积极为学生树立模仿的榜样,通过榜样战胜错误、失败与挫折的故事,激励学生向榜样看齐,从而树立积极的学业错误观。榜样可以是历史上的成功人士,也可以是现实生活中与中学生天天打交道的老师与同学。教师可在班会与学科教学中渗透这方面的教育,如让学习成绩好的具有影响力的同学讲一讲自己在出现学业错误时的想法与做法,也可以让班级里学习成绩进步较快的同学汇报一下自己对学业错误的感想与看法,以及应对学业错误的一些策略。由于同学之间有更多的共性,他们对学业错误的一些看法与态度极易引起其他同学的共鸣,他们良好的学业错误应对方式也容易被同学所模仿。教师要注意对模仿榜样获得学业成功的同学及时进行激励,以强化其学业错误观。同时,教师还要让他们作为其他同学的榜样与他们进行学业错误观的交流与讨论,这样通过多次系统的教育,中学生的学业错误观就可能潜移默化地得到改善。

(二)倡导积极的学习观,培养学生积极心理

现行的中学教育,在升学压力下教师与学生对学业错误都采取了拒绝的态度。当学生出现学业错误时,教师强调更多的是学业错误的消极结果,而忽视学业错误的正向价值。在这种教育导向下,学生更多地体验到失败的负性情绪,学习成了一件痛苦的事情,久而久之形成了消极的学习观,于是我们看到了毕业生在离校之前疯狂烧书,听到了"我要炸学校"的儿歌,"取消学校"、"学校死亡"、"非学校"的口号也已有人愤恨地喊出。这一现状迫使我们不得不重新审视我们的教育目的,审视我们的教

学方法与手段,以让学生在全面发展的同时,获得学习与发展中的快乐,体验到学习的幸福,使学校成为学生向往的地方。因此,在平时的教学过程中,教师应该倡导积极的学习观,帮助学生以积极的心态来对学业错误作出新的阐释,以此激发他们自身所固有的某些实际的或潜在的积极力量和品质(郝宁,2009),从而帮助他们超越错误,拥有学习的快乐与幸福。

(三)开展学业错误观教育,培养学生的创新精神

在传统作坊式教育模式下,许多教师视错误为洪水猛兽,对学生在学业过程中出现的错误给予简单的否定,致使众多学生因为害怕学业错误,在学业过程中不敢有自己独立的思考,更不敢对权威提出质疑。在这种教育多年的消磨下,学生们变得中庸,缺乏创新精神与创新能力。因此,我们有必要开展学业错误观教育。学业错误观教育的开展,既要针对学生更要针对教师,通过对教师开展学业错误观教育,让教师明白学生的学业错误其实是教育教学过程中不可多得的教学资源,对其作科学合理的处理有助于提升教学的效能。联合国教科文组织第十九次国民教育国际会议资料指出,"应当研究学生所犯错误,并把错误看成是认识过程和认识学生思维规律的手段"。对于学生学业过程中的错误,教师不能把产生错误的原因完全归咎于学生,而应该从教与学的双方来进行反思,教师的责任在于利用学生所犯错误来促进他们对知识的理解,增强防止错误的免疫力(石中英,2006)。通过对学生开展错误观教育,帮助学生明白"错误使人进步",进而引导学生勇于进行自己的思考,敢于有自己的想法,从而培养其创新精神,提高其创新能力。

(四)开展学业错误指导,帮助学生"超越错误"

学生的学业错误不可避免,当学生出现学业错误时,教师应在帮助学生树立积极的学业错误观的基础上,清楚地认识和深入地了解学生的真实思想活动,了解学生学习过程中的坎,并对症下药,开展学业错误指导,利用学业错误来培养学生良好的思维品质和坚强的意志品质。教师们可以参照错误管理培训的相关做法,将学生学习中常犯的学业错误整合到教学过程中,将其当作教学资源,以激发学生对知识的元认知,引起他们自我解释、反思、探究、批判性的思考(潘振嵘,2003)。具体到教育

中来说,错误是教学方向的标识——学生错在哪里,教学就在哪里;个别学生的错误指示着个别教学的方向,普遍存在的错误,指示着集体教学的方向(薛涟霞,2008)。学校还可以专门设立学业错误指导课,教会学生一些具体的错误管理及错误应对策略,并引导学生对错误进行反思、讨论,从而形成对错误的正确观点与态度,增强学好知识、发展自我的信心。当然,开展学业错误指导,并不是要鼓励学生去犯错误,而是要教会学生如何科学地在错误中寻找自己的学业成功之路。

三、学生的相关对策与建议

(一)树立"错误使人进步"的观念

中学生在其学习过程中,错误是不可避免且常常伴随的。只要我们树立积极的学业错误观,错误并不可怕。著名史学家司马迁在《报任安书》中写道:"文王拘而演《周易》;仲尼厄而作《春秋》;屈原放逐,乃赋《离骚》;左丘失明,厥有《国语》;孙子膑脚,《兵法》修列;不韦迁蜀,世传《吕览》;韩非囚秦,《说难》、《孤愤》、《诗》三百篇,大抵贤圣发愤之所为作也。"哲学家波普尔也明确指出:"每个学生都难免犯错误,甚至就像最伟大的大师一样;人人都必然会犯错——甚至连最伟大的思想家也不例外。"因此,中学生应该树立"错误使人进步"的学业错误观,充分挖掘学业错误的激励价值,科学地、积极地去面对学业过程中的错误,以磨炼自己的意志,健全自己的人格。

(二)建构积极的学业错误应对策略

学业错误应对策略是指在学业错误观的指导下,在面对学业错误时有目的、有意识且灵活地调节情绪、认知、行为和环境以应对学业错误带来的消极后果的一种方法与对策。积极的学业错误应对策略的构建有利于减少学业错误带来的消极情感体验,也有利于对学业错误进行正确的归因,从而避免单纯地把学业错误归因为自身原因,造成不必要的内疚与无助感,也避免单纯地归因为外在因素,丧失战胜错误、提升学业成绩、培养坚强意志的动力。积极的学业错误应对策略首先应认识到学业错误的价值,做到在情感上不回避错误,然后就自身学业中具体的错误进行分析,根据错误的性质、类型进行错误管理与反思,最后形成自己对待学业错误的常态化应对策略。这种积极应对策略在学业过程中的常态化应用,能使中学生在学习中越挫越勇,最后超越错误,提高学业成绩,形成坚强品质。

(三)设立适当的学业目标

在学习过程中,学业目标的确立与中学生的学业错误观具有一定的关系。学业目标过高,学业成就达不到要求,学生对学业错误的恐惧感增大,错误畏惧心理增强。在这种情况下,学生体验到的消极情绪就会过多,从而影响其学习的进步与身心的健康。而学习目标过低,学生就很容易达到学习目标,对学业过程中的错误也容易持无所谓的态度,以"错误使人进步"为借口,为自己所犯的错误找理由,导致"知错不改",使学业错误失去应有的学习价值与激励价值。因此,中学生应根据自己的实际情况,设立适当的学业目标,使自己"跳一跳,就能够得着",这样才能使自己对学业错误既心存畏惧,又能积极面对,勇敢分析造成错误的原因,从错误中学习,做到战胜错误,超越错误。

四、家长的相关对策与建议

(一)对孩子的学业错误给予理解与支持

尽管中学生处于心理发展的叛逆期,对父母的观点与看法表现出一定程度的叛逆,但当其面对学业错误时,学业错误所带来的挫折感、失败感,使得他们渴望得到来自父母方面的情感支持。有研究表明,有29.9%的初中生在遇到困难时会求助于亲戚朋友或同学(肖海彦,2009)。如果父母能成为孩子的朋友,给予充分的关爱、理解与帮助,那么就会增加他们战胜学业错误的力量,提升他们超越错误的勇气。因此,父母对孩子的学业错误要有一定的容忍度,当孩子出现错误时,不要一味地批评、惩罚,而应与孩子一起分析学业错误的原因,找到合适的应对策略,同时还要在情感上表达对孩子学习的理解与支持,把自己相信孩子能够战胜错误的期待表达出来。根据霍桑效应,父母确信孩子能够战胜学业错误的心理暗示能够引起孩子努力的上升,从而战胜错误,提高学习效能与学业成绩。

(二)做孩子学习的好榜样

在个体的发展与成长过程中,父母具有直接而深远的影响,父母的一言一行,都潜移默化地影响着青少年建构他们有意义的生活。孩子具有极强的模仿能力,当父母在遭遇困难时,唉声叹气,消极回避,那么孩子大多会形成消极、负面的学业错误观与应对方式;当父母面对困难,表现得勇敢、坚强、百折不挠,那么孩子也大多能直面学业错误,建立起积极的应对策略。因此,父母在平时一定要做孩子学习的好榜样,并充分利用自己的榜样示范作用,通过自己的言行来告诉孩子,错误(包括学习中与生活中的错误)并不可怕,只要我们勇于面对,就一定能够战胜错误。孩子感受到父母榜样示范的作用,就能形成积极的学业错误观,当学习过程中出现错误时,也能积极面对。

(三)积极、正面地评价孩子,鼓励孩子战胜错误

根据人类发展生态学模型与发展情境论,家庭、学校等相关发展背景对中学生的发展有重要影响。处于心理发展的"疾风骤雨"期的中学生对外在评价(特别是重要他人的评价)特别在意。父母应充分利用中学生心理发展的这个特点,在学生战胜错误时,积极、正面地评价孩子,鼓励孩子战胜错误,发挥评价的罗森塔尔效应。当然,对孩子的评价要注意针对性与实效性,让孩子感受到父母对自己的肯定源自自己的努力,是自己努力学习的结果。这样孩子就能相对容易地形成积极的学业错误观,也能增强战胜学业错误的信心。

第二节　总结与展望

一、关于研究结果的总讨论

(一)中学生学业错误应然观

表现为对待学业错误理性的认知与情感态度的学业错误应然观,包

括错误价值认知、错误情感体验、对错误的归因、错误容忍度、自身观点确信度和外在评价遵从度等 6 个因子。6 个因子集中反映了中学生学业错误观的认知、情绪和行为意向特征。然而,原先曾经设想的错误改正度因子却没有提取出来,这可能与中学生对改正学业错误的认知有关。在大多数中学生眼中,学业错误的改正是一个质变的过程,改正之后,就不会再错,没有考虑到学业错误可能出现的反复性,也没有考虑到改正学业错误过程的曲折性,因此问卷的错误改正度因子没有提取出来。当然也有可能是学业错误观结构中就没有错误改正度这个维度。

值得注意的是,外在评价遵从度这一因子在高中生学业错误应然观中是作为第二个因子被提取出来的,而对初中生则是作为第四个因子被提取出来的。这可能与中学生独特的心理发展状况有关。进入自我意识第二个飞跃发展期的中学生,独立意识迅速增强,他们要求在精神生活方面摆脱成人,特别是父母的羁绊,拥有自己对事物独立的观点与看法,造成了亲子冲突的增多,但当他们面对困难或出现错误,父母仍然是青少年重要的依恋对象和支持系统(Sikkink,1999)。中学生的这种心理断乳与精神依赖之间的矛盾在其学业错误应然观上得到了较好的体现。

(二)中学生学业错误实然观

中学生对待学业错误的实际看法与态度,即学业错误实然观也包括错误价值认知、错误情感体验、对错误的归因、错误容忍度、自身观点确信度和外在评价遵从度等 6 个因子。6 个因子从认知、情绪和行为意向方面对中学生现实的、基于自身条件与现实环境的对学业错误的观点与看法进行了建构,重点强调现实性与环境性。学业错误实然观告诉我们,当我们在教育孩子的时候,要从孩子的角度来考虑,用孩子的眼光来看待这个世界,看待整个学习的过程及学业错误。只有这样,我们才能认识一个"真实"的孩子,我们对孩子的教育才能真正做到有针对性。

(三)应然观与实然观的关系

中学生学业错误应然观与实然观具有结构与功能上的相对独立性,但同时也具有相辅相成的统一性,应然观对实然观具有重要影响,能显著地预测实然观。实际上，当面对学业错误时，不管你有没有意识到，学业错误应然观与实然观都在发挥着它们独特的作用。应然观与实然观具有相同的结构维度，这证明了应然观与实然观在结构上的统一性；但在相同因子上，应然观与实然观的项目却出现了某些不一致，这又证明了应然观与实然观结构的相对独立性。

对应然观与实然观的研究不仅了解了中学生在面对学业错误时对自身应该采取的最优、最佳看法与态度的觉知，也了解了中学生实际所采取的看法与态度，更重要的是看到了应然观与实然观的统一性与相对独立性。有学者把内隐记忆与外显记忆的关系比喻为"钢筋水泥"的关系（杨治良、高桦、郭力平，1998），我们认为用钢筋水泥来比喻应然观与实然观的关系或许更为确切。在中学生学业错误观这座大厦中，应然观就像框架结构中的钢筋部分，实然观则更像框架中的水泥部分。在大厦中，钢筋的走向决定水泥的走向，但只有钢筋构不成大厦，只有水泥也构不成大厦，只有水泥与钢筋有机结合，才能构成学业错误观这座稳固的大厦。

二、研究的创新点与局限

（一）研究的创新点

本研究的创新点主要体现在以下几个方面。

第一，对国内外有关学业错误的研究进行了系统的梳理与回顾，并在此基础上提出了中学生学业错误的应然观与实然观。鉴于之前国内尚无教育学、心理学、社会学、伦理学等学科对学业错误的应然观与实然观开展专题研究，因此，本研究为国内学界对学业错误开展现实性与学术性的研究提供了新的视角。

第二，在理论分析与实践调研的基础上，编制了中学生学业错误应然观问卷与学业错误实然观问卷，为国内学界进一步开展学业错误研究提供了有效的科学测量工具。

第三，利用结构方程模型的方法，构建了师生关系、父母教养方式等学业错误观影响源，学业错误观与学业错误应对方式，学习自我效能感、心理健康及学业成绩等后效变量之间的关系模型，为教师、家长对学生进行错误观教育提供了理论支持，同时也为学生养成积极的错误观提供了科学依据。

(二)研究的局限

本研究通过对中学生学业错误观理论的介绍,区分了学业错误的应然观与实然观,帮助人们了解中学生学业错误观的本质,促进积极的学业错误观的树立。在研究过程中,编制了中学生学业错误应然观问卷与学业错误实然观问卷,并以其作为测量工具,对中学生学业错误观进行了全面、深入的调查研究,在此基础上,还构建了学业错误观的影响机制模型。据此,可以说研究取得了一定的成果。但由于研究者研究水平和客观条件的限制,本研究还存在一定的局限与不足,亟待今后提高与完善。

首先,从研究内容来看,研究中对中学生学业错误观的影响源虽然考虑到了生态系统中对中学生影响最大的家庭与学校两个微系统,但学校这个微系统中只考虑到了师生关系对学生错误观的影响,没有考察教师错误观、同伴错误观及同伴关系对学业错误观的影响。此外,在对错误进行的后效研究中,后效变量仅设立了自我效能感、心理健康与学业成绩,没有涉及人格、价值观等相关因素。另外,在构建中学生学业错误应然观与实然观关系模型,以及中学生学业错误观影响机制模型时,只对从理论与实践角度提出的先验模型进行了验证,没有考虑到模型还可能存在的其他情况。

其次,由于客观条件的限制未能对被试进行统一的学业成绩测试,研究中学业成绩变量只好由被试期中考试各科成绩以学校中的年级为单位分别转化为 Z 分数加总而成,但由于城市学校被试的学业成绩明显好于农村学校被试,转化为 Z 分数之后就人为地缩小了这种差距。

再次,尽管我们认为所开发的中学生学业错误应然观问卷与学业错误实然观问卷具有较好的设计思想与信效度,但研究过程中因故仅考察了问卷的同质性信度与构念效度,未能考察其重测信度,也未能寻觅到更具同构特征的外部校标对其进行检验。

最后,本研究在对中学生学业错误观进行研究的基础上,提出了相关的教育对策,但对策的有效与否,未能进行更加深入的研究与讨论。

三、研究的总结论

通过对中学生学业错误观进行实证研究,得到以下研究结论:

1. 由中学生学业错误应然观与中学生学业错误实然观组成的中学生学业错误观问卷具有较好的信效度，是适合研究中学生学业错误问题的一个有效工具。

2. 中学生学业错误应然观可以显著地预测其实然观，对其具有决定作用。

3. 中学生学业错误应然观直接影响其学业错误应然应对方式，并通过学业错误应然应对方式间接影响其学业错误实然应对方式；而中学生学业错误实然观直接影响其学业错误实然应对方式。

4. 中学生学业错误观和学业错误应对方式对其学业成绩、学习自我效能感、心理健康有显著的预测功能，而其影响源师生关系与父母教养方式只对中学生学业错误应然观产生作用。

四、研究展望

在知识经济时代的今天，社会对创新人才的需求日益增加。如何使学生敢于有自己的想法，勇于进行自己的思考，在看法与思考还欠成熟或者出现某些错误的时候也能越挫越勇，从而战胜错误，养成坚强的意志品质，形成健全人格是教育与心理学科共同关注的问题。中学生学业错误观关系到中学生的学业成就与心理健康，对它的研究必将受到学界的重视。

本研究只是中学生学业错误观研究的一个尝试，还处于刚刚起步阶段，还存在着巨大的研究空间与潜力。如我们用问卷调查的方法对中学生学业错误应然观与实然观进行了研究，但没有用实验方法来验证。今后应考虑采用包括实验法在内的多种研究方法来对中学生应然观与实然观进行更深入的研究。另外，对中学生学业错误观的追踪研究，教师、家长、同伴学业错误观之间的相互影响，学业错误观对个体发展的影响，以及对小学生、中学生、大学生学业错误观的发展研究等等，未来这方面的研究前景很广，可研究的课题也会很多。

中学生学业错误观对中学生的身心发展具有重要意义，希望有更多的人投入到对中学生学业错误观的研究当中，为中学生超越错误提供科学指导，为教师与家长培养中学生坚强的意志品质、勇于创新的精神提供方法的指引，同时为提高我国中学教育水平作出理论贡献。

附　　录

附录一　学业错误观问卷

(一)学业错误应然观开放式问卷

【指导语】同学:你好! 为了比较详细地了解你对自己学习中所犯错误的观点与看法,我们设计了这份开放式问卷,希望你客观回答。本问卷仅用于科学研究,我们承诺将严格为你保密! 感谢你的参与! 谢谢!

1. 你觉得自己**应该**对学习中的错误有什么看法与态度? (请写出 5 种)

2. 你认为学习过程中的错误有价值吗? 如果有,它的价值**应该**体现在哪里? (请写出 5 个句子)

3. 请用"学习中出现错误**应该**是由于……"写出 5 个句子。

4. 请用"当学习中出现错误时,我**应该**(或**不应该**)会感到……"写出 5 个句子。

5. 你认为**应该**容忍自己在学习过程(如课堂讨论、作业和考试)中犯错误吗? 为什么? (请写出 5 个原因)

6. 对于学业过程中的错误,你认为自己**应该**以什么标准来判定?
(请写出 5 种)

(二)学业错误实然观开放式问卷

【指导语】同学:你好! 为了比较详细地了解你对自己学习中所犯错误的观点与看法,我们设计了这份开放式问卷,希望你客观回答。本问卷仅用于科学研究,我们承诺将严格为你保密! 感谢你的参与! 谢谢!

1. 在**实际**的学习过程中,你觉得自己对学习中的错误有什么看法与态度?(请写出 5 种)

2. 在**实际**的学习过程中,你认为学习过程中的错误有价值吗? 如果有,它的价值体现在哪里?(请写出 5 个句子)

3. 请用“学习中出现错误的**实际**原因是……”写出 5 个句子(请写出实际原因)。

4. 请用“当学习中**真的**出现错误时,我会感到……”写出 5 个句子(请写出实际感受)。

5. **实际**上你会容忍自己在学习过程(如课堂讨论、作业和考试)中犯错误吗? 为什么?(请写出 5 个原因)

6. 对于学业过程中的错误,你**实际**上是以什么标准来判定?(请写出 5 种你在现实生活中最常用的判断标准)

(三)中学生学业错误观问卷

【指导语】同学:你好! 这是关于中学生学习情况的调查问卷。回想一下你最近在学习中都犯了什么错误? 例如,在考试和写作业过程中做错了哪些题。然后,请仔细阅读下面的每一个陈述,考虑是否符合你的实际感觉,并在右面相应的数字上画“○”。其中:“1”表示“完全不符合”;“2”表示“基本不符合”;“3”表示“基本符合”;“4”表示“完全符合”。如果感觉都不能代表你的实际情况,请选择最接近的情况画“○”。

答案没有对错之分,对每一个陈述不要花太多时间考虑。但所给的应该是你现在最恰当的感觉。请注意:每个题目都有“应该”与“实际”两栏,请不要漏选。

中学生学业错误观问卷

序号	项目	你认为自己(想法或感觉)应该与这种情况:				实际上你(想法或感觉)与这种情况:			
		完全不符	基本不符	基本符合	完全符合	完全不符	基本不符	基本符合	完全符合
1	我讨厌在学习中犯错。	1	2	3	4	1	2	3	4
2	在学习中犯错是件严重的事情。	1	2	3	4	1	2	3	4
3	学习中的错误能够推动我更加努力学习。	1	2	3	4	1	2	3	4
4	我不能容忍自己在学习上犯错。	1	2	3	4	1	2	3	4
5	通过犯错,自己对知识会印象更加深刻。	1	2	3	4	1	2	3	4
6	如果自己的答案和比自己成绩好的同学的答案不一样,自己的答案就可能错了。	1	2	3	4	1	2	3	4
7	如果自己的答案和大多数人的答案不一样,自己的答案就是错的。	1	2	3	4	1	2	3	4
8	如果自己的答案和教材不一样,自己的答案就是错的。	1	2	3	4	1	2	3	4
9	如果自己的答案和老师上课讲的不一样,自己的答案就是错的。	1	2	3	4	1	2	3	4
10	我们班的老师不能容忍学生在学习中犯错。	1	2	3	4	1	2	3	4
11	当我在学习中犯错时,父母会批评我。	1	2	3	4	1	2	3	4
12	我父母不能容忍我在学习中犯错。	1	2	3	4	1	2	3	4
13	当我在学习中犯错时,父母会生我的气。	1	2	3	4	1	2	3	4
14	当我们在学习中犯错时,老师会责备我们。	1	2	3	4	1	2	3	4
15	学习过程中的错误是有价值的。	1	2	3	4	1	2	3	4
16	学习中的错误有利于我吸取教训。	1	2	3	4	1	2	3	4
17	学习中出现错误是因为不认真听课。	1	2	3	4	1	2	3	4
18	学习中出现错误是因为没认真订正以前的错题。	1	2	3	4	1	2	3	4
19	学习中的错误会影响我在同学中的形象。	1	2	3	4	1	2	3	4

序号	项目	你认为自己(想法或感觉)**应该**与这种情况:				实际上你(想法或感觉)与这种情况:			
		完全不符	基本不符	基本符合	完全符合	完全不符	基本不符	基本符合	完全符合
20	学习中的错误能使我对同种类型的题目提高警惕。	1	2	3	4	1	2	3	4
21	学习中出现错误是因为没有充分理解所学的知识。	1	2	3	4	1	2	3	4
22	学习中出现错误是因为没有认真思考。	1	2	3	4	1	2	3	4
23	当我在学习中犯错时,父母不会批评我。	1	2	3	4	1	2	3	4
24	当我在学习上犯错时,我会觉得很丢人。	1	2	3	4	1	2	3	4
25	学习中的错误会使我对学习失去信心。	1	2	3	4	1	2	3	4
26	学习中出现的错误令我感到伤心。	1	2	3	4	1	2	3	4
27	学习过程中所犯的错误能加深我对所学知识的了解。	1	2	3	4	1	2	3	4

(四)中学生学业错误观问卷计分方法

中学生学业错误观问卷计分方法

应然观				实然观			
序号	因子	题数	题号	序	因子	题数	题号
1	错误价值认知	5	5、15、16、20、27	1	外在评价遵从度	5	10、11、12、13、14
2	自身观点确信度	4	6*、7*、8*、9*	2	错误价值认知	4	5、15、16、27
3	对错误的归因	4	17、18、21、22	3	自身观点确信度	4	6*、7*、8*、9*
4	外在评价遵从度	4	10、11、12、13	4	对错误的归因	4	17、18、21、22
5	错误情感体验	3	24、25、26	5	错误情感体验	3	24、25、26
6	错误容忍度	3	1、2、4	6	错误容忍度	3	1、2、4
	测谎题	2	3(25)、23(11)		测谎题	2	3(25)、23(11)
	不计分题项	2	14、19		不计分题项	2	19、20
	总题项数	27			总题项数	27	

注:* 反向计分。

附录二 学业错误应对方式问卷

（一）学业错误应然应对方式开放式问卷

【指导语】同学：你好！为了比较详细地了解你会怎样处理、应对自己在学习中所犯的错误，我们设计了这份开放式问卷，希望你能客观回答。本问卷仅用于科学研究，我们承诺将严格为你保密！感谢你的参与！谢谢！

1. 请用"当我在学习中犯错时，我觉得自己**应该**会……"写出 5 个句子。

2. 每次试卷或作业本发下来，面对自己做错的题目时，你觉得自己**应该**怎样处理？（请写出 5 种处理方法）

3. 当你发现自己作业本或试卷上的错误时，你觉得**应该**采取哪些措施来使自己不再重犯？（请写出 3～5 种措施）

（二）学业错误实然应对方式开放性问卷

【指导语】同学：您好！为了比较详细地了解你会怎样处理、应付自己在学习中所犯错误，我们设计了这份开放性问卷，希望你能客观回答。本问卷仅用于科学研究，将严格为你保密！感谢你的参与！谢谢！

1. 请用"当我在学习中犯错时，**实际**上我会……"写出 5 个句子。（请写出你的实际情况）

2. 每次试卷或作业本发下来，面对自己做错的题目时，**实际**上你会怎样处理？（请写出 5 种你在实际生活中常用的处理方法）

3. 当你发现自己作业本或试卷上的错误时，**实际**上你会采取哪些措施来使自己不再重犯？（请写出 5 种你在实际生活中常用的处理错误措施）

（三）中学生学业错误应对方式问卷

【指导语】当你在学习中出现错误时,你会怎么处理? 请阅读下面的每一个陈述,并考虑是否符合你的实际感觉,然后在右面相应的数字上画"○"。其中:"1"表示"从不如此";"2"表示"偶尔如此";"3"表示"经常如此";"4"表示"总是如此"。如果感觉都不能代表你的实际情况,请选择最接近的情况画"○"。

答案没有对错之分,对每一个陈述不要花太多时间考虑。请注意:每个题目都有"应该"与"实际"两栏,请不要漏选。

中学生学业错误应对方式问卷

序号	当我在学习中犯错时,我会……	你认为自己应该:				实际上你:			
		从不如此	偶尔如此	经常如此	总是如此	从不如此	偶尔如此	经常如此	总是如此
1	当我在学习上犯错时,我会生自己的气。	1	2	3	4	1	2	3	4
2	我因为犯错而自责、懊恼。	1	2	3	4	1	2	3	4
3	我告诉自己犯错也有好的一方面。	1	2	3	4	1	2	3	4
4	尽管犯错,我仍然客观地分析自己的优势。	1	2	3	4	1	2	3	4
5	我心里会老想着自己所犯的错误。	1	2	3	4	1	2	3	4
6	我在学习中犯错时,我把错题放在一边不去管它。	1	2	3	4	1	2	3	4
7	因为自己再怎么学都学不会,所以干脆就不去管错题了。	1	2	3	4	1	2	3	4
8	我会抄其他同学的正确答案。	1	2	3	4	1	2	3	4
9	在订正做错的题之后,我不会再去看这些题。	1	2	3	4	1	2	3	4
10	对我认为不重要学科的错误,我一般不管。	1	2	3	4	1	2	3	4
11	面对自己做错的题目,我会置之不理直到老师讲解。	1	2	3	4	1	2	3	4
12	我把错题掩饰起来,不让别人知道。	1	2	3	4	1	2	3	4
13	我向老师述说或讨论自己的错误,并请求帮助。	1	2	3	4	1	2	3	4

续表

序号	当我在学习中犯错时，我会……	你认为自己应该：				实际上你：			
		从不如此	偶尔如此	经常如此	总是如此	从不如此	偶尔如此	经常如此	总是如此
14	我针对所犯的错误制定学习计划。	1	2	3	4	1	2	3	4
15	当在学习中出现错误时，我告诉自己错误是暂时的，并对生活与学习仍然充满希望。	1	2	3	4	1	2	3	4
16	为了避免犯错，我尽量不去做那些难题。	1	2	3	4	1	2	3	4
17	当做错某题时，我会记在错题本上。	1	2	3	4	1	2	3	4
18	当做错某题时，我会努力把它记住。	1	2	3	4	1	2	3	4
19	为防止在学习中重复犯错，我会经常拿出错题本看。	1	2	3	4	1	2	3	4
20	我会对自己进行反思，以改正错误。	1	2	3	4	1	2	3	4
21	当发现自己学习中的错误时，我会立刻弄懂并做一些巩固题目。	1	2	3	4	1	2	3	4
22	在学习中犯错后，我会查阅各种资料找正确答案。	1	2	3	4	1	2	3	4
23	当我在学习中犯错时，我会很后悔。	1	2	3	4	1	2	3	4
24	我每过一段时间会做一次自己曾经做错的题目。	1	2	3	4	1	2	3	4
25	我会和同学讨论自己所犯的错误，并请求帮助。	1	2	3	4	1	2	3	4
26	每次复习我都会仔细查看自己曾经做错的题目。	1	2	3	4	1	2	3	4
27	当做错某题时，我会找些类似的题目做。	1	2	3	4	1	2	3	4
28	当做错某题时，我会反复地做这题一遍或几遍。	1	2	3	4	1	2	3	4
29	当学习中做错某题时，我会对这题做记号。	1	2	3	4	1	2	3	4

（四）中学生学业错误应对方式问卷计分方法

附表1　初中生学业错误应然应对方式计分方法

序号	因子	题数	题号
1	解决问题	8	17、18、19、20、21、22、25、26

续表

序号	因子	题数	题号
2	逃避错误	7	6、7、9、10、11、12、16
3	消极情绪	3	1、2、23
4	积极情绪	3	3、4、15
	不计分题项	8	5、8、13、14、24、27、28、29
	总题项数	29	

附表2　高中生学业错误应然应对方式计分方法

序号	因子	题数	题号
1	解决问题	10	17、18、19、21、22、24、25、26、27、28
2	逃避错误	7	6、7、8、10、11、12、16
3	消极情绪	3	1、2、23
4	积极情绪	3	3、4、15
	不计分题项	6	5、9、13、14、20、29
	总题项数	29	

附表3　初中生学业错误实然应对方式计分方法

序号	因子	题数	题号
1	解决问题与积极情绪	9	3、4、13、14、17、19、21、24、27
2	逃避错误	6	6、7、8、9、10、11
3	消极情绪	3	1、5、23
	不计分题项	11	2、12、15、16、18、20、22、25、26、28、29
	总题项数	29	

附表4　高中生学业错误实然应对方式计分方法

序号	因子	题数	题号
1	解决问题	7	14、17、19、24、26、27、28
2	逃避错误	5	6、7、8、10、11
3	消极情绪	3	1、2、23
4	积极情绪	3	3、4、15
	不计分题项	11	5、9、12、13、16、18、20、21、22、25、29
	总题项数	29	

参考文献

[1] 于泉蛟,关巍.马克思主义哲学物质范畴的辩证解析.社会科学家, 2013(6):30—33.

[2] 于璐.中学生亲子沟通、同伴关系、师生关系对学业成绩的影响.东北师范大学硕士学位论文,2008.

[3] 孔丘.论语.郭竹平注译.北京:中国社会科学出版社,2003.

[4] 方平,熊端琴,郭春彦.父母教养方式对子女学业成就影响的研究.心理科学,2003,26(1):78—81.

[5] 王守仁.王阳明全集.吴光等编校.上海:上海古籍出版社,1992.

[6] 方均斌.例说"错题"及其教育功能.数学通报,2006,45(5):54—56.

[7] 王学臣,周琰.大学生的学习观及其与学习动机、自我效能感的关系.心理科学,2008,31(3):732—735.

[8] 王美萍.父母教养方式、青少年的父母权威观/行为自主期望与亲子关系研究.山东师范大学硕士学位论文,2001.

[9] 王能群.解题错误是一种教学资源.教育实践与研究,2009(24):48—50.

[10] 文清源.错误论:辨错·治错·防错·化错.沈阳:辽宁人民出版社,1991.

[11] 文清源.犯错学.长沙:湖南人民出版社,2009.

[12] 王智,杨军霞.高中生应对方式与心理健康关系的研究.中国学校卫

生,2005,26(10):824—825.

[13] 王登峰,甘怡群.内外控和抑郁对生活事件知觉和适应的影响.中国临床心理学杂志,1994,2(4):207—210.

[14] 文援朝.波普尔的错误观述评.北京邮电大学学报(社会科学版),2001,3(4):5—9,19.

[15] 王蕾.父母教养方式对中学生自我价值感的影响.健康心理学杂志,2000,8(5):507—510.

[16] 石中英.教学认识过程中的"错误"问题.北京大学教育评论,2006,4(1):1—7,18.

[17] 左丘明.左传.舒胜利、陈霞村译注.太原:山西古籍出版社,2003.

[18] 皮亚杰.皮亚杰发生认识论文选.左任侠、李其维主编.上海:华东师范大学出版社,1991.

[19] 石鸥.教学病理学.长沙:湖南教育出版社,1999.

[20] 艾德勒,范多伦.如何阅读一本书.郝明义、朱衣译.北京:商务印书馆,2004.

[21] 刘万伦,沃建中.师生关系与中小学生学校适应性的关系.心理发展与教育,2005(1):87—90.

[22] 阴山燕,张大均,余林.我国中学师生关系研究述评.宁波大学学报(教育科学版),2008,30(2):79—83.

[23] 刘闯,杨丽珠.父母教养方式对3～6岁幼儿责任心发展的影响.学前教育研究,2007(1):56—59.

[24] 江芳,王国英.教育研究方法.上海:华东师范大学出版社,2009.

[25] 亚里士多德.工具论.余纪元等译.北京:中国人民大学出版社,2003.

[26] 许丽伟.大学生父母教养方式、价值取向与心理健康关系的研究.东北师范大学硕士学位论文,2006.

[27] 孙杰远,南江霞.错误观念转变的教学模式探讨.教育理论与实践,2004,24(3):40—42.

[28] 刘贤臣.高中生心理卫生、健康行为及生活事件调查分析.中国行为医学杂志,1993,2(1):37—40.

[29] 朱学勤.道德理想国的覆灭.上海:上海三联书店,1994.

[30] 刘莹.父母教养方式、亲子沟通与中学生失败恐惧的关系.济南大学硕士学位论文,2009.

[31] 孙桂珍.初中生错题管理的调查研究.上海教育科研,2006(10):49—51.

[32] 齐振海.人为什么犯错误.北京:中国青年出版社,1983.

[33] 闫淑华.父母教养方式及其与高中生学习状况相关研究.石家庄学院学报,2008,10(6):94—98.

[34] 休谟.人性论(下卷).北京:商务印书馆,1980.

[35] 牟毅,朱莉琪.儿童朴素物理学的错误概念及影响概念转换的因素.心理科学进展,2006,14(5):697—703.

[36] 刘儒德.学生的学习观及其对学习的影响.教育理论与实践,2005,25(5):59—62.

[37] 刘儒德,江涛,李云芳.高一学生的错题管理行为.心理发展与教育,2004(1):54—58.

[38] 刘儒德,宗敏,刘治刚.论学生学习观的结构.华东师范大学学报(教育科学版),2005,23(3):49—54,67.

[39] 刘儒德,曾美艳,宋灵青,高丙成.初中生的错误观与错误应对方式对学习成绩的影响.心理发展与教育,2009(4):87—92.

[40] 张人杰.国外教育社会学基本文选.上海:华东师范大学出版社,1989.

[41] 吴卫东.教师课堂沟通"四失"及校本培训策略.浙江教育学院学报,2003(4):73—78.

[42] 陈月娥.解题错误的心理分析.吕梁高等专科学校学报,2003,19(3):70—71.

[43] 陈艾莎.试论外语教学对比分析和错误分析的研究价值.四川师范大学学报(社会科学版),2007,34(3):113—117.

[44] 张立,毛晋平,张素娴.高中生责任心与父母教养方式的相关研究.中国健康心理学杂志,2009,17(11):1362—1365.

[45] 张佃珍,王世凤,邱振良.初中生师生关系与学习动机的相关研究.中小学心理健康教育,2011(15):18—20.

[46] 张林,张向葵.中学生学习策略运用、学习效能感、学习坚持性与学

业成就关系的研究.心理科学,2003,26(4):603—607.

[47] 张学民,雷飞雪,胡次青.中学绩差生学习动机、归因方式与学习效能感的研究.中小学心理健康教育,2001(1):37—39.

[48] 杨治良,高桦,郭力平.社会认知具有更强的内隐性——兼论内隐和外显的"钢筋水泥"关系.心理学报,1998,30(1):1—6.

[49] 陈晓荆.挫折心理的自我调适.福州:福建教育出版社,2006.

[50] 肖海彦.初中生心理耐挫力现状的调查及对策研究.江西理工大学硕士学位论文,2009.

[51] 岑萃.中学生学业自我效能感的发展特点及其与学业成绩、父母教养方式的相关研究.西南师范大学硕士学位论文,2005.

[52] 张杰.论马克思关于人的应然本质和实然本质.前沿,2007(9):12—15.

[53] 李彩娜,邹泓,杨晓莉.青少年的人格、师生关系与心理健康的关系研究.中国临床心理学杂志,2005,13(4):440—442,451.

[54] 陈辉.石家庄市高中生学习动机、师生关系及其学业成就的相关研究.河北师范大学硕士学位论文,2005.

[55] 李善良.数学概念学习中的错误分析.数学教育学报,2002,11(3):6—11.

[56] 芦朝霞.中学生父母教养方式、自我价值感与学业成绩的关系研究.山西大学硕士学位论文,2005.

[57] 时蓉华.教育社会心理学.北京:世界图书出版公司,1993.

[58] 孟育群.少年期的亲子矛盾与良好亲子关系的建立.教育科学,1994(4):15—20.

[59] 林崇德,王耘,姚计海.师生关系与小学生自我概念的关系研究.心理发展与教育,2001(4):17—22.

[60] 波普尔.猜想与反驳.傅季重等译.上海:上海译文出版社,1986.

[61] 波普尔.客观知识:一个进化论的研究.舒炜光等译.上海:上海译文出版社,1987.

[62] 波普尔.走向进化的知识论.李本正、范景中译.杭州:中国美术学院出版社,2001.

[63] 郑毓信.数学教育:从理论到实践.上海:上海教育出版社,2001.

[64] 郑毓信，梁贯成.认知科学、建构主义与数学教学.上海：上海教育出版社，2002.

[65] 周薇.高中生学习的自我监控与父母教养方式及学业成绩的关系.哈尔滨师范大学硕士学位论文，2012.

[66] 荣开明.人怎样少犯错误.武汉：湖北人民出版社，1983.

[67] 郝宁.积极心理学（阳光人生指南）.北京：北京大学出版社，2009.

[68] 俞吾金.意识形态论（修订版）.北京：人民出版社，2009.

[69] 施承孙，董燕，侯玉波，侯桂芝，周晓梅.应付方式量表的初步编制.心理学报，2002，34(4)：414—420.

[70] 赵琨.论学习效能感的相关影响因素及培养策略.徐州师范大学学报（教育科学版），2010，1(2)：20—23.

[71] 袁加锦，汪宇，鞠恩霞，李红.情绪加工的性别差异及神经机制.心理科学进展，2010，18(12)：1899—1908.

[72] 莱布尼茨.人类理智新论.陈修斋译.北京：商务印书馆，1982.

[73] 桑代克.人类的学习.李月甫译.杭州：浙江教育出版社，1998.

[74] 夏征农，陈至立.辞海.上海：上海辞书出版社，2010.

[75] 钱学森.温家宝：钱学森之问对我是很大刺痛.新华网，http://news.xinhuanet.com/politics/2010—05/05/c_1273985.htm.

[76] 顾准.顾准文集.贵阳：贵州人民出版社，1994.

[77] 贾晓波.中学生自我意识发展的特点.体育教学，2007(2)：46—46.

[78] 钱铭怡，夏国华.青少年人格与父母养育方式的相关研究.中国心理卫生杂志，1996，10(2)：58—59，94.

[79] 黄希庭，余华，郑涌，杨家忠，王卫红.中学生应对方式的初步研究.心理科学，2000，23(1)：1—5.

[80] 章志光，金盛华.社会心理学.北京：人民教育出版社，1996.

[81] 崔希福.应然与实然之辨——理性主义与经验主义.学术交流，2002(3)：4—8.

[82] 黄武萍.高职学生学习效能感、学习策略和考试焦虑的状况及相关研究.福建师范大学硕士学位论文，2006.

[83] 培根.新工具.许宝骙译.北京：商务印书馆，1984.

[84] 韩东屏.实然·应然·可然——关于休谟问题的一种新思考.江汉

论坛,2003(11):57—62.

[85] 斯卡特金. 现代教学论问题. 张天恩译. 北京:教育科学出版社,1982.

[86] 彭军生. 高中生物理学习自我效能感量表的编制与应用. 曲阜师范大学硕士学位论文,2009.

[87] 斯金纳. 科学与人类行为. 谭力海等译. 北京:华夏出版社,1989.

[88] 奥古斯丁. 忏悔录. 任小鹏译. 北京:中国对外翻译出版社,2010.

[89] 潘振嵘. 尝试错误——学习的"催化剂". 数学通报,2003(9):36—37,46.

[90] 魏运华. 学校因素对少年儿童自尊发展影响的研究. 心理发展与教育,1998(2):12—16.

[91] 薛涟霞. 教师对待学生数学错误态度的现状及其影响因素的分析. 首都师范大学硕士学位论文,2008.

[92] 戴斌荣. 家庭环境中主观变量对学业成败的影响. 教育理论与实践,1994,14(4):48—50.

[93] Allen, J. P. , & Corder, S. P. (1974). *Techniques in applied linguistics*. London: Oxford University Press.

[94] Amsel, A. , & Hancock, W. (1957). Motivational properties of frustration: III. Relation of frustration effect to antedating goal factors. *Journal of Experimental Psychology*, 53(2): 126-131.

[95] Amsel, A. (1958). Comment on role of prefeeding in an apparent frustration effect. *Journal of Experimental Psychology*, 56(2): 180-181.

[96] Bandura, A. (1978). Self-efficacy: Toward a unifying theory of behavioral change. *Advances in Behaviour Research and Therapy*, 1(4): 139-161.

[97] Baumrind, D. (1971). Current patterns of parental authority. *Developmental Psychology Monograph*, 4(1)Part 2:1-103.

[98] Birch, S. H. , & Ladd, G. W. (1998). Children's interpersonal behaviors and the teacher-child relationship. *Developmental Psychology*, 34(5): 934-946.

［99］Borasi,R. (1994). Capitalizing on errors as 'springboards for inquiry': A teaching experiment. *Journal for Research in Mathematics Education*,25(2): 166-208.

［100］Brown,H. D. (2000). *Principles of language learning and teaching*. White Plains,New York: Addison Wesley Longman,Inc.

［101］Dornbusch,S. M. ,Ritter,P. L. ,Leiderman,P. H. ,Roberts,D. F. ,& Fraleigh,M. J. (1987). The relation of parenting style to adolescent school performance. *Child Development*, 58 (5): 1244-1257.

［102］Dormann, T. , & Frese, M. (1994). Error training: Replication and the function of exploratory behavior. *International Journal of Human-Computer Interaction*,6(4): 365-372.

［103］Folkman,S. ,Lazarus,R. S. ,Dunkel-Schetter,C. ,DeLongis,A. , & Gruen,R. J. (1986). Dynamics of a stressful encounter: Cognitive appraisal,coping,and encounter outcomes. *Journal of Personality and Social Psychology*,(5): 992-1003.

［104］Folkman, S. , Lazarus, R. S. , Gruen, R. J. , & DeLongis, A. (1986). Appraisal,coping,health status,and psychological symptoms. *Journal of Personality and Social Psychology*,50 (3): 571-579.

［105］Folkman,S. ,& Lazarus,R. S. (1988). Coping as a mediator of emotion. *Journal of Personality and Social Psychology*,4(3): 466-475.

［106］Gassn,S. M. ,& Selinker,L. (1994). *Second language acquisition*. Hillsdale,NJ: Lawrence Erlbaum Associates.

［107］Grief,S. ,& Keller,H. (1990). Innovation and the design of work and learning environments: The concept of explanation of exploration in human-computer interaction. In West,M. A. & Farr,J. L. (Ed.), *Innovation and creativity at work* (pp. 231-249). New York: Wiley.

［108］Hume,D. (1999). *A treatise of human nature*. 北京：中国社会科

学出版社.

[109] Hofer, B. K. (2001). Personal epistemology research: Implications for learning and teaching. *Journal of Educational Psychology Review*, 13(4): 353-383.

[110] Matlin, M. W. (1987). *The psychology of women*. New York: Holt, Reinhart, & Winston.

[111] Mehl, M. R., Vazire, S., Ramirez-Esparza, N., Statcher, R. B., & Pennebaker, J. W. (2007). Are women really more talkative than men? *Science*, 317(5834): 82-83.

[112] Melis, E. (2004). Erroneous examples as a source of learning in mathematics. *IADIS International Conference Cognition and Exploratory Learning in Digital Age* (pp. 311-318).

[113] Nakamura, R. (1999). *Healthy classroom management: Motivation, communication, and discipline*. Cambridge: Wadsworth Publishing.

[114] Joffe, P. E., & Bast, B. A. (1978). Coping and defense in relation to accommodation among a sample of blind men. *The Journal of Nervous and Mental Disease*, 166(8): 537-552.

[115] Keith, N., & Frese, M. (2005). Self-regulation in error management training: Emotion control and metacognition as mediators of performance effects. *Journal of Applied Psychology*, 90 (4): 677-691.

[116] Lazarus, R. S., & Folkman, S. (1984). *Stress, appraisal, and coping*. New York: Springer Publishing Company.

[117] Ohlsson, S. (1996). Learning from performance errors. *Psychological Review*, 103(2): 241-262.

[118] Paris, S. G., & Byrnes, J. (1989). The constructivist approach to self-regulation and learning in the classroom. In Zimmerman, B. J. & Schunk, D. H. (Eds). *Self-regulated learning and academic achievement: Theory, research, and practice* (pp. 169-200). Springer-Verlag, New York Inc.

[119] Petkova, A. P. (2009). A theory of entrepreneurial learning from performance errors. *International Entrepreneurship and Management Journal*, 5: 345-367.

[120] Piaget, J. (1959). The role of the concept of balance (equilibrium) in explaining conduct in psychology. *Acta Psychologica*, 15: 51-62.

[121] Popper, K. R. (1968). *Conjectures and refutations: the growth of scientific knowledge*. New York: Harper & Row.

[122] Popper, K. R. (1972). *Objective knowledge: An evolutionary approach*. Oxford: Clarendon Press.

[123] Schommer, M., Calvert, C., Gariglietti, G., & Bajaj, A. (1997). The development of epistemological beliefs among secondary students: A longitudinal study. *Journal of Educational Psychology*, 89(1): 37-40.

[124] Sikkink, D. (1999). The social sources of alienation from public schools. *Social Forces*, 78(1): 51-86.

[125] Skinner, B. F. (1968). *The technology of teaching*. New York: Appleton-Century-Crofts.

[126] Stiso, M. E., & Payne, S. C. (2004). *The influence of incentives and timing on the effectiveness of error training*. Working paper, Texas A&M University, College Station, TX.

[127] Thorndike, E. L. (1931). *Human learning*. New York: The Century Company.

索　引

后　记

　　本书终于完成了，感触颇多。在自本项目获得立项开始至今的 4 年多的时间里，笔者共调查访谈了 3000 多名中学生，编制了《中学生学业错误观问卷》、《初中生学业错误应对方式问卷》、《高中生学业错误应对方式问卷》等测量量表，构建了中学生学业错误观的影响机制模型，提出了改善与提高中学生学业错误观及其应对方式的对策与建议。在此期间，余盈盈、刘觅、祁丹丹、胡航、胡梦桂、阮赛赛等同学参与了本项目的研究工作，在美国 University of Wisconsin-Madison 访学期间也得到了教育心理系 B Bradford Brown 教授的悉心指导与帮助，在此一并表示感谢。

作　者

2015 年 3 月

图书在版编目(CIP)数据

中学生学业错误观研究/ 潘玉进等著. —杭州：
浙江大学出版社,2015.3
ISBN 978-7-308-14515-2

Ⅰ.①中… Ⅱ.①潘… Ⅲ.①中学生－学习方法－研
究 Ⅳ.①G632.46

中国版本图书馆 CIP 数据核字(2015)第 057494 号

中学生学业错误观研究

潘玉进 等著

丛书策划	吴伟伟 weiweiwu@zju.edu.cn
责任编辑	田 华
封面设计	续设计
出版发行	浙江大学出版社
	(杭州市天目山路 148 号　邮政编码 310007)
	(网址:http://www.zjupress.com)
排　版	浙江时代出版服务有限公司
印　刷	杭州杭新印务有限公司
开　本	710mm×1000mm　1/16
印　张	12
字　数	190 千
版 印 次	2015 年 3 月第 1 版　2015 年 3 月第 1 次印刷
书　号	ISBN 978-7-308-14515-2
定　价	36.00 元